KB005996

여자는 무엇을
욕망하는가

우치다의 사상으로서의 페미니즘 비판

우치다 타츠루 지음 | 김석중 옮김

서커스

ONNA HA NANI O YOKUBO SURUKA?

© Tatsuru UCHIDA 2002, 2008

First published in Japan in 2002 2008 by KADOKAWA CORPORATION, Tokyo.

Korean translation rights arranged with KADOKAWA CORPORATION,

Tokyo through Danny Hong Agency.

이 책의 한국어판 저작권은 대니홍 에이전시를 통한 저작권사와의 독점 계약으로 서커스출판상회에 있습니다.

저작권법에 의해 한국 내에서 보호를 받는 저작물이므로 무단전재와 복제를 금합니다.

목차

02 페미니즘 영화론

여자는 무엇을
욕망하는가

한국어판 서문

여러분 안녕하세요. 우치다 타츠루입니다.

『여자는 무엇을 욕망하는가』는 2002년에 출판된 책이므로
수록된 논문의 많은 부분은 1990년대에 쓴 것들입니다. 당시
학술적으로 핫 이슈였던 페미니즘 기호론과 언어론을 다룬 논
집입니다. 하지만 이 주제는 일본에서는 현재 더 이상 '핫'한
논건은 아닙니다. 그러므로 정직하게 말씀드리면 논집으로서
는 그다지 현재성이 없습니다. 그 점 맨 처음에 여러분께 양해
를 바라겠습니다. '그래도 읽고 싶다'고 하는 열린 마음의 독자
를 위한 책입니다.

저의 비평적 방법은 어떤 주제를 다루는 경우에도 그다지
변하지 않습니다. 그것은 어떤 작업이 '지성적인가 아닌가'만

을 문제 삼는 것입니다. 학술적인 작업에 관해서 저는 그 문제 밖에는 관심이 없습니다.

어떤 작업이 '학술적으로 엄밀한가 아닌가, 과학적 언명으로서 참인가 아닌가' 하는 것은 저는 잘 모릅니다. 이 세상의 수많은 학술적인 주제에 관하여 저는 다양한 가설의 진위를 판정할 정도의 지식을 갖고 있지는 않기 때문입니다.

그럼에도 우리들은 누구라도, 한정된 시간 속에서, 자신의 책임으로 어떤 이론을 취하고 어떤 이론은 물리친다고 하는 판단을 하지 않으면 안 됩니다.

'물리친다'고 해도 논파한다거나 해서 입을 다물게 하는 게 아니라, '당신의 이론을 연구하기 위해 할애할 시간이 없습니다, 죄송합니다'라는 식으로 슬쩍 '멀리할' 뿐입니다만.

그 경우 취하고 물리치는 것의 기준이 되는 것이 '지성적인가 아닌가' 하는 것입니다.

하지만 오해가 없기를 바랍니다만, 그것은 해당 언명이나 가설 그 자체에 관한 평가는 아닙니다. 학술적인 증거evidence가 갖춰져 있다거나, 논리가 정합적이라든가, 최신 학설을 반영하고 있다거나, 문제가 훌륭하다거나, 그러한 것에 대해 판단하는 것은 아닙니다.

저는 지성이라는 것은 개인에 있어서가 아니라 집단에 있어서 발동하는 것이라고 생각합니다. 집단으로서의 지적 퍼포먼스의 총량을 결과적으로 향상시키는 것에는 지성적으로 가치가 있다. 그것이 저의 생각입니다. 동의해주는 사람이 그다지 많지는 않지만, 개인적으로는 줄곧 그러한 방침을 취해왔고, 지금까지 크게 오류를 범하지는 않았다고 생각합니다.

지성이라는 것은 집단적으로 발동하는 것이라는 말이 약간 이해하기 어려울 수 있다고 생각합니다만 구체적인 사례를 한 번 떠올려보시기 바랍니다.

때때로, 개인적으로는 상당히 머리가 날카로운 사람이지만, 그런 사람이 성가시게 이런 저런 문제에 대해 단언한다거나, 적당한지 아닌지에 대한 평가를 내리거나 한 탓으로 주변 사람들이 혼란스러워하고, 자신감을 잃어버리고, 기분이 침울해지고, 하려는 의욕이 사라진다거나 하는 일이 종종 있습니다. 여러분 주위에도 그런 사람들이 꽤 있지 않나요?

그런 사람은 그 사람 하나를 주의 깊게 살펴보면 상당히 머리가 좋은 것처럼 보입니다. 하지만 왠지 그 사람이 있기 때문에 집단의 지적 퍼포먼스가 저하되는 일이 일어납니다. 어째서 그런 걸까요? 아마도 주변 사람들을 과도하게 긴장시키기 때문일 겁니다. 타인에게도 자신과 같은 레벨이 될 것을 요구하거나, 결코 오답을 허용하지 않거나 해서 말이지요. 그런 사람이 들어와 팀의 퍼포먼스가 저하되는 일은 실제로 있습니다.

AI라는 아이디어가 최초로 학술적인 테마로 선택된 것은

1955년 다트머스 대학에서였습니다. 존 매카시와 마빈 민스키라는 두 명의 컴퓨터 과학자가 세운 공동 연구 계획의 테마가 '기계는 사고 능력이 있는가'였던 것입니다. 그 당시 이 분야의 일인자로 많은 사람이 꼽은 사람은 노버트 위너였습니다. '사이버네틱스'란 말은 이 천재가 발명한 단어입니다. 하지만 매카시와 민스키는 위너를 이 프로젝트에 초빙하지 않았습니다.

'위너가 탁월한 두뇌의 소유자라는 것은 의심의 여지가 없었다. 문제는 싸움을 좋아하고, 잘난 체하는 인물이어서 연구 프로젝트에 그가 참가하면 다트머스에서의 여름이 비참하게 되리라는 게 눈앞에 선했기' 때문입니다.(케네스 쿠키어, 〈인공지능에 대한 준비는 되어 있는가?〉, Foreign Affairs Report, 2019, No.8)

노버트 위너는 이론의 여지가 없는 천재이지만, 팀 전체의 지적 퍼포먼스를 향상시키는 데는 적합하지 않다, 그런 사람에게는 '자리를 비워 달라고' 판단하는 게 실천적으로는 '가능'하다고 생각합니다. 결과적으로 미국에서의 인공지능 연구는 위너를 빼놓고(위너가 있었다면 아마도 '그쪽'으로는 가지 않을 방향으로) 진행되었습니다.

저는 매카시와 민스키의 판단을 지지하는 쪽입니다.

지적 생산은 집단적인 행위이기 때문입니다. 공동 작업인 것입니다. 구성원 한 사람 한 사람이 소지한 지적 자원을 공공의 장에 내놓고, 전원이 각자의 지혜와 궁리로 공공의 장에 공탁된 지적 자원을 소재로 해서 새로운 것을 만들어 낸다⋯⋯ 그리고 그 작업물이 가져다준 혜택은 집단 구성원 전원이 누릴 수 있다. 그러한 개방적이고 대화적인 장을 만들어내는 사람을 저는 '지적인 사람'이라고 간주합니다.

이 책에서의 저의 페미니즘 비판도 큰 줄기에서는 이 원칙에 기초해 있습니다.

말하고자 하는 것의 박력은 상당히 좋지만, 너무 단정적이어서, 동의할지, 거절할지의 두 가지 선택밖에 허용하지 않는 식의 논자에 대해서 저는 별로 호의적이지 않습니다. 반대로 하는 말은 독창적이지만, 자신의 주장 이외의 입장을 취하는 사람과의 대화의 회로를 제대로 확보해놓고 있는 열린 마음의 논자에 대해서는, 저는 항상 깊은 경의와 신뢰를 보내고 있습니다.

어떠한 사회 이론도 그것을 단독으로 꺼내서, 그것의 적부適否나 진위에 관하여 '최종적 결정'을 내리려 하는 것에는 그다지 의미가 없다고 저는 생각합니다(시간과 수고가 너무 많이 듭니다). 그러한 번잡한 논의 안으로 깊게 들어가기보다는, 그 이론이 어떠한 역사적 문맥을 거쳐 형성되어왔는가, 그것에 의해 어떠한 새로운 문제들이 전경화되고 가시화되었는가, 그것들과의 대화에 의해 어떠한 새로운 이론이 생겨났는가…… 라는 식으로 광범위한 기간 안에서 해당 이론의 풍요성, 다산성을 평가하는 편이 사상사 연구에서는 의미가 있는 게 아닐까 하고 저는 생각합니다.

그러한 기준을 적용해 보자면, 페미니즘의 여러 이론 중에는 많은 '자손'을 남긴 것도 있고, '진화의 오솔길'로 빠져 고사枯死해버린 것도 있다고 말할 수 있을 것 같습니다.

이 책에서는 1970년대부터 90년대에 걸친 페미니즘의 언어 이론이나 기호론이 다뤄지고 있습니다. 당시 구미의 과격한 페미니스트들이 어떤 학설을 말했는지, 그 대표적인 것 중 몇 개를 이 책은 소개하고 있습니다. 물론 논쟁적인 문맥에서의 소개이므로 중립적인 프레젠테이션이라고는 말할 수 없습니다만.

그럼에도 이 책에서 다룬 것 가운데는 뤼스 이리가라이의 '여자로서 쓴다는 것' 이론이나 크리스틴 델피의 계급적 페미니즘이나 쥘리아 크리스테바의 '아브젝시옹abjection'*론 등은 '오솔길'로 들어가 자손을 남기지 못했다는 것 정도는 알 수 있습니다. 한편 쇼샤나 펠만의 페미니즘 문학론은 아마 지금도 미국의 대학에서 문학 연구로 졸업 논문을 쓰는 대학원생들에게는 필수의 참고문헌으로서 읽히고 있을 것이라고 생각합니다.

이 책에서 다룬 페미니즘의 여러 이론이 세상에 나온 뒤로, 경우에 따라서는 이미 반세기가 경과했습니다. 어떤 이론이 결과적으로 다산의 이론이었는지, 어떤 이론이 후계자를 얻지 못하고 시들어 죽었는지는 역사가 가르쳐줍니다. 그러므로 이 책은 페미니즘에 관한 일종의 '안내서'로서 읽을 수 있지 않을까 생각합니다. 책을 번역한 김석중 씨가 이 책을 고른 이유도 아마 그렇지 않았을까 생각합니다. 왜냐하면 이 책이 다루는 1970~90년대의 페미니즘 문화 이론이, 그 시기 군사정권 아래에서 사상 탄압과, 그것에 저항하는 민주화 투쟁의 와중에 있었던 한국에서 우선적인 지적 관심의 대상이 되었으리라고는 생각하기 어렵기 때문입니다. 분명히『푸코, 바르트, 레비스트로스, 라캉 쉽게 읽기』나『청년이여, 마르크스를 읽자』와 마찬가지로 '그 무렵 구미에서 논쟁적인 주제였던 학술적 이론에 관하여, 회고적으로 한눈에 부감할 수 있는 개설서'가 지금의 한국에서는 약간이라도 수요needs가 있을지도 모르겠습니

* abjection은 단어 그대로는 비천, 영락 등을 의미한다. 크리스테바가『공포의 힘Pouvoirs de l'horreur: Essai sur l'abjection』에서 다룬 주제로 주체가 이질적이고 위협적인 것으로 여겨지는 어떤 것을 거부하고 추방해 자신의 경계를 만드는 계기로 작용한다. 아브젝시옹은 주체와 객체, 혹은 자아와 타자 사이의 구분을 위협해 공포와 혐오감을 유발하는데 이것의 예로 크리스테바는 상한 음식, 사체, 어머니 등을 예로 들었다. 국내에서는 비체, 비천체 등의 용어로 번역되었다.

다.

이 책이 다루고 있는 논제는 이미 일본에서는 학술적 정보로서는 거의 수요가 없어졌습니다만, 이 기회에 이렇게 한국의 독자 여러분을 위해 두 번째의 서문을 쓸 수 있게 되었습니다. 꽤 오래 전의 책입니다만, 이 책이 여러분들에게도 약간이나마 도움이 된다면 집필의 보람이 있었다고 하겠습니다. 감사합니다.

신서판 서문

여러분 안녕하세요. 우치다 타츠루입니다.

이 책은 2002년에 고미치徑書房 출판사에서 나온 단행본의 '개정판'입니다.

제목이 대단하지요. 몇몇 친구로부터 '내용은 재미있었지만, 저 제목 어떻게 좀 안 돼?'라는 말을 들었습니다. 이 기회에 거기에 대해 변명을 하겠습니다.

쇼샤나 펠먼의 『*What Does a Woman Want?*』라는 페미니즘 언어론 책이 있는데, 그 제목을 빌려서 〈여자는 무엇을 원하는가?〉라는 제목을 처음에 붙였습니다. 그런데 단행본 담당자였던 고미치 출판사의 O군이 꼭 제목에 '욕망하다'를 넣어 달라고(아마도 영업상의 이유라기보다는 개인적인 기호에서) 강하게 요망했기 때문에 '아, 그래' 하고 한 발 물러서서 이 제목이 되었습니다.

살짝 도발적인 제목과는 맞지 않게 내용은 상당히 학술적인 접근에 의한 페미니즘 비판입니다. 2002년에 간행되었지만 수록된 논문 중에는 그보다도 몇 년 전에 쓴 것도 포함되어 있기 때문에 이번 신서판의 시점에서 역산하면 10년 가까이 전에 쓴 텍스트도 포함되어 있습니다.

이 글들이 쓰인 시기와 지금은 페미니즘을 둘러싼 지적 상황이 상당히 변했습니다. 페미니즘은 이제는 이미 미디어나 학술 연구의 장에서 중심적인 주제가 아닙니다. 대학에서는 아직 교과서적으로 '젠더 연구'가 가르쳐지고 있습니다만, 그 내용은 한때의 '마르크스주의 경제학'과 비슷한 것이 되었습니다. 중요한 사회 문제를 논할 때 '부권제 이데올로기'나 '사회적으로 구축된 젠더'가 사회 시스템의 부조不調의 원인인 것처럼 설명해도, 귀를 기울이는 사람은 거의 없습니다. 이 정도로 단기간에 하나의 사회 이론이 위신을 잃게 된 것도 상당히 드문 케이스일 겁니다.

하지만 페미니즘의 미디어적, 학술적인 위신과 페미니즘의 사상적 실재성actuality은 별개의 문제입니다. 위신이라는 것은 말하자면 '세속'의 이야기이고, 그것은 어떤 이론의 내적인 가치나 깊이와는 관계가 없습니다.

저는 페미니즘에 대해서는 70년대까지는 꽤 친화적이었습니다. 하지만 교조주의와 사대주의가 제 성향과는 맞지 않았기 때문에, 페미니즘의 주변에 점점 그러한 허풍쟁이 유형의 사람들이 모여듦에 따라 공감을 잃어버렸습니다. 하지만 뛰어난 페미니스트들의 지적 공헌을 부정한 적은 한 번도 없습니다.

이 책의 페미니즘 비판은 이러한 '탁월한 페미니스트들'이 성취한 지적 달성을 더듬어 나가는 것을 통해, 이 정도로 급진적인 지적 시도가 어느새 생성적인 부드러움을 잃고 만 이유를 탐구하려는 시도입니다.

그 정도로 탁월했던 지성이 왜 좌절했는가?

이 질문은 하나의 사회 이론의 성장, 소멸과는 상관없이 우리가 거기에서 풍요로운 지혜를 길어올릴 수 있는 게 가능하다고 나는 생각합니다.

그럼 또 '후기'에서 뵙겠습니다.

2007년 12월

서문

페미니즘에 관해 내가 아는 두세 가지 사정

페미니즘은, 적어도 일본에서의 계몽운동으로서의 페미니즘은 그 역사적 사명을 다했고, 지금 단계적으로 그 사회적 영향력을 잃어 가고 있다. 그런 식으로 나는 현상을 인식하고 있다.

그것은 특별히 페미니즘 이론이 어딘가 치명적인 오류를 내포하고 있기 때문인 것도 아니고, 역사적 상황이 정중하게 그것의 파산을 선고했기 때문도 아니다. 페미니즘은 우리 사회제도의 부정과 결함을 여러 개 전경화前景化시켰고, 성차性差가 우리의 사고나 행동을 생각지도 못한 곳에서 규정하고 있다는 것도 가르쳐 주었다. 그런 면에서는 생산적인 사회 이론이었다고 나는 생각한다.

그러나 페미니즘에는 근본적인 '난점'이 있었다. 그것은 온갖 사회 이론이 빠지기 쉬운, 거의 구조적인 '난점'이다.

한마디로 정리하자면, 페미니즘은 '온갖 사실을 그 이론으로 설명할 수 있다'고 하는 전능감을 초래했다고 하는 사실이다.

뛰어난 사회 이론은 그러한 전능감을 그것의 신봉자들한테 선물해준다. 마르크스의 이론도 프로이트의 이론도 레비스트로스의 이론도 푸코의 이론도 그 점에서는 다르지 않다.

이러한 전능감은 우리를 고양시키고, 행복하게 하고, 그리고 **절도를 잃어버리게 한다.**

'사실은 그 이론을 가지고 설명할 수 없는 것까지 그것으로 설명해버릴' 때, 그 이론의 적용을 자제할 수 있는 인간은 얼마 되지 않는다. 극히 적다. 따라서 페미니스트가 '페미니즘이 가져다준 전능감'을 자제할 수 없었다는 것을 도덕적으로 책망할 수 있는 권리가 나 자신에게는 없다고 생각한다.

어디까지나 가정이지만, 가령 페미니스트들이 그 이론을 다양한 영역에서 전개하고, 현실 사회에서 구체화시키려 할 때, 이론의 '과잉 적용'을 자제하는 절도를 지니고 있었다면 페미니즘은 훨씬 오랜 기간에 걸쳐, 좀 더 폭 넓은 범위에 걸쳐 유용한 지식과 견문을 계속해서 가져다주었을 거라고 생각한다.

그러나 페미니스트들은 유감스럽게 그러한 절도를 갖고 있지 않았다. 그리고 너무 넓은 범위에서, 너무도 성급하게, 그 이론의 적용을 추구했기 때문에, 스스로 자진해서 사상으로서의 '최후'를 재촉했다.

실제로 페미니즘 이론이 적합하게 들어맞지 않는 사례는 무수히 존재한다.

내가 이 책에서 다룬 '문학'의 문제나 '영화'의 문제(넓게 '이야기의 문제'라고 해도 좋다) 역시 페미니즘 이론과 잘 부합되지 않는 현상의 하나이다.

페미니즘은 이야기의 해석에 있어서, 페미니즘 비평 이론이 '잘 부합되는' 수많은 사례를 발견했다(이것은 대단한 공적이다). 하지만 동시에 '그다지 잘 부합되지 않는 사례'도 많이 만났다. 그 점에 관해서 페미니스트들도 동의하리라고 생각한다.

오해하지 않기를 바라는데, 나는 '부합되지 않는다'고 말하는 것이 아니다. '잘 부합되지 않는다'고 말하는 것이다. 사회 이론을 이야기의 해석에 적용할 때, 절도를 유지하는 것은 무척이나 어렵다. 왜냐하면 이야기의 해석이야말로 사회 이론으로서는 가장 유혹적인 영역이기 때문이다.

사회 이론은 본성적으로, '모든 것'을 설명하려 욕망한다. 그리고 확실히 '모든 것'을 설명할 수 있다. 하지만 '모든 것'에 대한 설명이 끝날 때, 그 사회 이론은 죽음을 시작한다. 어째서 그렇게 되는지, 지금까지 누구로부터도 납득이 가는 설명을 들은 적이 없다. 하지만 성공의 과잉은 성공의 부족보다도 많은 해악을 초래한다는 것은 경험적으로 확실한 사실이다.

원리적으로는 '모든 것'을 설명하는 것이 가능한데도 불구하고, '성공의 과잉'을 자제하고, '좀 더 잘 설명할 수 있는' 사례에만 이론의 적용을 한정한다고 하는 절도를 유지하는 것은 쉽지 않은 요청이다.

칼 포퍼는 '과학적 정신'이란 자신이 세운 가설이 '잘 부합되지 않는' 사례를 찾아내, 그 반증 사례에 의해 자신의 가설이 논박될 수 있을지 어떨지를 음미하는 것을 최우선으로 하는 지知의 작용이라고 정의했다. '나의 이론이 타당하게 적용되는 사례'를 열거하는 것에는 흥미가 없고, 오히려 '나의 이론이 타당하지 않은 사례'에 흥미를 기울이고, 그것에 의해 자신이 세운 가설을 자기 자신의 손으로 고쳐 쓰는 것에 우선적으로 지적인 자산resource을 공급하는 유형의 사람을 포퍼는 '과학자'라고 부른 것이다.

나는 포퍼만큼 엄격한 조건을 '과학자'에 부과하지 않는다. 자신의 이론이 타당하지 않은 사례만을 찾아 헤매는 일 같은 것은 초인적인 자제심 없이는 할 수 없고, 우리는 초인이 아니기 때문이다.

다윈은 '자신의 이론에 잘 맞지 않는 관찰은 특히 주의해서 노트에 적어 놓는다'라는 황금률을 세웠는데 그것은 자신의 학설과 잘 융합되지 않는 사례는 그의 뛰어난 두뇌로도 잘 기억할 수 없었기 때문이다. 포퍼의 말은 정론이지만, 다윈도 할 수 없었던 일을 우리가 할 수 있을 리가 없다. 따라서 내가 제창하는 '과학자의 황금률'은 포퍼적이라기보다는 다윈적인데, 그것보다도 한층 더 '느슨한' 것이다.

'자신의 이론을 잘 적용되는 사례에는 적용하고, 잘 적용할 수 없는 사례에는 무리하게 적용하지 않는다.'

이것이 나의 '황금률'이다. 자신의 이론은 한정적인 사례에만 타당한 한정적인 설명이라고 하는 절도를 유지하는 것을 나는 과학적 가설의 경계를 가르는 조건이라고 생각한다.

페미니즘 비평 이론은 이야기의 해석에 새로운 돌파구를 도입했다. 언어와 주체의 복잡한 관계에 관해서도 신선한 빛을 던져주었다. 이것은 대단한 문화적 공헌이라고 할 수 있다. 그러나 한편으로 페미니스트들은, 페미니즘적이 아닌 해석을 '부권제 이데올로기에 오염된 해석'이라는 딱지를 붙여 내치자 거의 누구로부터도 반론이 이루어지지 않는다는 것을 깨달았다(다른 페미니스트들로부터 그 해석이 '부권제 이데올로기에 오염된, 충분히 페미니즘적이지 않은 해석'으로서 내쳐지기 전까지는).

이것은 이야기의 해석에서 풍부한 문화적 수확물을 길어 올리기를 원하는 나 같은 인간으로서는 별로 유쾌한 상황이 아니다. 왜냐하면 나 정도 나이의 인간은 몇십 년인가 전에, 이야기의 해석에서 마르크스주의적이 아닌 해석이 '부르주아 이데올로기에 오염된 해석'이라는 딱지가 붙여져 체계적으로 내쳐 졌던 시대가 있었다는 것을 기억하고 있기 때문이다.

마르크스주의 비평 이론도 역시 이야기의 해석에 새로운 돌 파구를 도입했고, 상황과 주체, 정치와 문학, 전위와 대중, 이념 과 실감······ 등의 다양한 자극적인 문제들을 제공했다. 이것 은 대단한 문화적 공헌이다. 하지만 오늘날 마르크스주의적인 비평 이론을 내걸고 이야기 작품을 '부르주아적이다'라든가 '계급적 자각이 결여되어 있다' 등의 언어를 사용해 비판하는 비평가는 거의 사라졌다.

그 이유는 '이론의 과잉 적용'에 있었다고 생각한다. 마르크 스주의 비평 이론으로 굳이 설명하지 않아도 상관없는 사례, 그것을 꺼내듦으로써 이야기의 '재미'가 손상되는 사례라는 것이 존재한다.

예를 들어 오즈 야스지로의 영화나 나츠메 소세키의 소설은 마르크스주의 비평 이론을 적용하는 것에 의해, 작품의 맛이 더 늘어나고, 심오함을 보여준다고는 그다지 기대할 수 없다. 그런 경우는 '손대지 않고 내버려둔다'라고 하는 방법도 있을 것이고, 그것이 필시 절도라고 하는 것이리라. 그러나 마르크 스주의 이론가들은 전능감을 내려놓기 아까워했다. 그리고 '황 금률'을 위반하고 말았다.

'황금률'을 위반했다고 해서 뭔가 특별히 극적인 일이 일어

나는 것은 아니다. 하늘에서 신의 번개가 떨어지는 식의 스펙타클한 일은 하나도 일어나지 않는다. 다만 '절도를 잃은 사상'은 천천히, 하지만 확실하게 **물리게 될** 뿐이다. 딱히 어디가 잘못되었다고 하는 것이 아니라, 우리는 그러한 식의 언어 사용으로 뭔가를 설명하려는 것에 점차로 진저리가 나게 되는 것이다. 진저리가 나는 사상은 예전의 지적 위신을 회복할 수 없게 한다. 아무리 노력해서 사상의 전선에 다시 서서 호령해도, 아무리 목청이 쉬어 가며 의식의 각성을 설파해도, 그것은 사람들을 한층 더 진저리나게 하는 것밖에는 할 수 없다.

마르크스주의에 일어났던 것과 같은 현상이 페미니즘에도 하나하나 일어나고 있다고 하는 생각한다. 그 예감을 나는 최근 읽은 두 개의 글에서 느꼈다.

하나는 우에노 치즈코의 말.

나는 페미니즘을 줄곧 약자의 사상이라고 생각해왔다. 만약 페미니즘이 여자도 남자처럼 강자가 될 수 있다고 하는 사상이라면 그런 것에는 흥미 없다. 약자가 약자인 채로, 그럼에도 존중되는 것을 추구하는 사상이 페미니즘이라고 나는 생각해왔다.

따라서 페미니즘은 '당한 만큼 갚아줘라'라는 길을 채택하지 않는다. 상대로부터 억지로 강요당하는 것에 '노'라고 말하려는 자들이, 마찬가지로 억지로 상대에게 자신의 의사를 관철하려는 것은 모순이 아닐까. 약자의 해방은 '억압자와 비슷해지는' 것이 아니다.*

이것은 일찍이 '걸어오는 싸움은 전부 마다하지 않는다'고 호기롭게 말했던 우에노로서는 '전향 선언'이라 할 수 있는 말일 것이다. '당하면 갚아준다', '부권제 장치가 점유하고 있는 사회적 자산의 탈환'을 외쳐왔던 우에노의 전투성이 이 글에 와서 급속하게 톤 다운되면서, '약자가 약자로서 강자와 대치한다'고 하는 구도로 전환을 꾀하고 있다고 한다면, 그것은 그녀의 뛰어난 직감이 페미니즘의 '탈환론'적인 이론 구성에 사람들이 '신물이 나고 있다'는 것을 간파했기 때문일 것이다.

이 구도의 전환이 성공할지 어떨지 나로서는 예측할 수 없다. 우에노는 항상 군사 전략적으로 영리하게 행동해온 사람이므로, 이러한 전환shift은 아마도 단기적으로는 성공할 것이다. 다만 그 과정에서 지금까지의 탈환론적인 페미니즘에 익숙해져왔던 사람들의 다수는 방치되는 셈이 된다.

또 하나의 인상 깊은 사례는 무라카미 하루키가 근작인 『해변의 카프카』에서 묘사한 페미니스트들의 초상이다. 주인공인

---

* 〈일본여성학회〉 학회 뉴스 제89호 http://www.joseigakkai-jp.org/new89.htm

소년이 우연히 살게 된 시코쿠의 오래된 도서관에 두 명의 페미니스트가 와서 '문화 공공시설에 대한 접근의 공평성'에 관해 이의를 제기하는 장면이 있다. 그녀들은 우선 '여성 전용 화장실이 없다'는 사실을 들어 그것이 '여성 이용자에 대한 무시'라는 것을 지적한다. 나아가 도서관의 검색 카드가 '모든 도서 분류에서 남성 저자가 여성 저자보다 앞에 오는' 것을 '남녀평등이라는 원칙에 반하는 공평성이 결여된 조치'라고 고발한다.

이에 대해 도서관 직원인 영리한 오시마는 이렇게 답한다.

"잘 들으세요, 내가 드리고 싶은 말은 이런 겁니다. 작은 마을의 작은 사립도서관에 와서 쿵쿵 주변의 냄새를 맡으며 돌아다니고, 화장실의 형태나 열람카드의 **결점**을 조사할 만한 시간이 있으면 전국에 있는 여성의 정당한 권리의 확보에 있어서 유효한 일은 이것 말고도 얼마든지 발견할 수 있을 것이라고요. 우리는 이 자그마한 도서관을 조금이라도 지역에 도움이 되는 것으로 만들기 위해 전력을 다하고 있습니다. 책을 사랑하는 사람들을 위해, 훌륭한 책을 모아 제공하고 있습니다. (……)물론 미비한 점은 있습니다. 한계도 있습니다. 하지만 힘이 모자란다는 것을 알면서도 정성을 다해 일을 하고 있습니다. 우리가 할 수 없는 것을 보기보다는 하고 있는 것 쪽으로 눈을 돌려주시기 바랍니다. 그것이 페어네스fairness란 게 아닐까요."*

반론에 대해 페미니스트들은, 당신은 '전형적인 차별적 주체로서 남성적인 남성'이라는 정형적인 비판을 퍼붓는다. 그에 대해 오시마가 어떻게 답했는지는 소설의 감흥을 해칠 수 있으므로 여기에는 적지 않는다. 두 사람이 떠난 뒤, 오시마는 '차별'과 '공평'에 관해 다음과 같은 성찰을 말한다.

차별받는다는 것은 어떤 것인가, 그것이 어느 정도로 깊이 사람에게 상처를 주는가, 그것은 차별받은 인간밖에는 알 수 없다. 아픔이라는 것은 개별적인 것이고, 그 뒤에는 개별적인 상처가 남는다. 따라서 공평함이나 공정함을 요구한다는 점에서는 나도 누구에게도 지지 않으리라 생각한다. 다만, 내가 그것보다도 더 진저리가 나는 것은 상상력이 결여된 사람들이다. (……)상상력을 결여한 편협함, 비관용성. 독단적인 테제, 공허한 용어, 찬탈篡奪된 이상, 경직된 시스템, 내게 정말로 두려운 것은 그런 것들이다. (……)상상력을 결여한 편협함이나 비관용성은 기생충과 마찬가지다. 숙주를 바꾸고, 형태를 변화시켜서까지 계속한다. 거기에 구원은 없다.**

---

* 무라카미 하루키, 『해변의 카프카』(상), 新潮社, 2002, 306페이지
** 같은 책, 313~314페이지

하루키가 지금까지 소설 속이라고는 해도 등장인물 한 사람에게 이렇게까지 집중적으로 페미니즘 비판을 말하게 한 것은 처음 있는 일이다. 이것은 물론 한 명의 허구의 인물이 말한 허구의 언어이고 그것이 하루키 자신의 페미니즘관이라고 말할 수는 없다.

하지만 현대 일본에서 가장 대중적인 소설가이고, 동시에 국제적으로도 평가가 높은 작가의 한 명인 무라카미 하루키가, 지극히 매력적으로 조형된 등장인물한테 이러한 발언을 하게 한 것을 '허용했다'고 하는 의미는 간과해서는 안 될 것이다. 하루키는 페미니즘의 검열적인 태도에 '진절머리를 내는' 지적인 사람들이 속속 등장하고 있다는 것, 통속화된 페미니즘에 '구원은 없다'고 생각하는 사람들이 이제부터 착실히 늘어나리라는 것을 이야기적으로 예고하고 있다. 그리고 그 예고는 나의 예상과도 겹친다.

이하의 논고는 그러한 '페미니즘의 퇴조'라고 하는 사상사적 문맥 속에서, 그것의 최상의 문화적 성과는 무엇이었는가라는 질문을 축으로 해서 쓰인 것이다. 그것은 '난파하려 하는 배에서 가지고 나올 수 있을 만큼의 보물을 가지고 나오려는' 승객의 행동과 비슷하다.

배가 가라앉는 것을 나로서는 멈출 수가 없다. 그러나 배가 여기까지 가지고 온 '보물'을 배와 함께 가라앉게 할 수는 없다. '어떻게든 가지고 나올 수 있을 만큼의 물건은 가지고 나와서, 사용할 수 있는 것은 계속 사용합시다'라는 게 나의 페미니즘에 대한 기본적인 자세이다.

이러한 태도에 엄청 화를 내는 사람이 있을지도 모르겠고, 그 화 내는 이유를 나도 잘 알고 있다. 하지만 앞으로 몇 년이 지난 뒤에, '페미니즘 진영의 총체적으로 붕괴했을 때, 그때까지는 아군처럼 행동하던 작자들이 아무렇지 않게 손바닥 뒤집듯이 배신했지만, 처음부터 줄곧 페미니즘에 대해 악담을 하던 우치다 같은 작자는 마지막에는 상당히 페미니즘 옹호로 돌아섰지' 하는 말이 들리지 않을까 나는 생각한다.

변변치도 않은 예언이지만, 이러한 변변치도 않은 예언은 사실 잘 맞는 경우가 많다.

따라서 내가 페미니즘에 대해 '악담'을 쓰는 것은 아마도 이 책이 마지막일 것이다. 그런 말을 듣는다 해도 조금도 여러분들이 기뻐해주지는 않겠지만.

01 페미니즘
언어론

제1장
'여성으로서 말한다'는 것은 가능한가?

여성의 수수께끼

프로이트는 「여성성에 관하여」 안에서 '여성의 수수께끼'에
관해서 이렇게 썼다.

여성의 수수께끼에 관해서 인류는 어느 시대에도 천착에 천착
을 거듭해 오늘에까지 이르게 되었습니다. (……)여러분도 남성
인 한은 이러한 천착과 아무 관계가 없지는 않을 겁니다. 여러분
중의 부인들에게는, 그것을 기대할 수 없습니다. 여성은 자기 자
신이 이 수수께끼이기 때문입니다.[*]

남자에게 여자는 수수께끼이다. 그렇게 말하면, 그런지도 모른다.

　남자는 '수수께끼를 풀려고 하는 지성'이고, 여자는 '수수께끼'이다. 탐정소설이나 추리소설에서 익숙한 도식이다. 남자가 '수수께끼'를 풀면 남자의 승리, '수수께끼'가 풀리지 않으면 남자의 패배가 된다. 어느 쪽이든 남자 측의 승패의 문제이다. '수수께끼'인 여자 측은 잠자코 아무 말도 하지 않는다.

　그렇다면 여성에게 있어서 '자기 자신이 수수께끼'라는 것은 어떤 의미인 것일까. '자기 자신이 수수께끼'라는 것은 어떤 기분이 들게 하는 것일까. 애초에 '자기 자신이 수수께끼'라는 식의 자기 인식을 '수수께끼' 본인이 가지는 게 가능할까. '나는 수수께끼다'와 같은 언어를 사용해서 '수수께끼'가 자기를 말하고, 나 자신이 그렇다고 하는 '수수께끼'의 문제를 푼다는 게 과연 가능할까.

　프로이트는 그에 관해서는 아무것도 쓰지 않았다.

　프로이트처럼 문제를 제기하는 방식 그 자체가 '성맹gender blindness'의 징후라고 페미니스트는 말한다. 여성은 '수수께끼'라고 단언하면서, 여성 자신에게 있어서 그 수수께끼는 무

---

* 지크문트 프로이트, 『정신분석 입문』

엇인가도, 그 수수께끼와 어떻게 연관되는 것이 좋은지에 대해서도 프로이트는 한마디도 하지 않았다.

사라 코프만의 『여성이라는 수수께끼 ― 프로이트의 여성론』과 쇼샤나 펠먼의 『여자가 읽을 때 여자가 쓸 때 ― 자전적 신폐미니즘 비평』은 둘 다 프로이트가 여기에서 드러낸 젠더 블라인드니스를 그녀들의 논고의 출발점으로 삼고 있다.

'여성의 수수께끼'란 '여성에게 있어서 억압된 것', 여성이 '그것'에 관해서 말하는 것이 구조적으로 허용되지 않는 것이다. 이것이 두 사람에게 공통되는 이해이다.

그렇다면, 그 후에는 어떻게 해야 하는가.

답은 비교적 간단하다.

'여성의 수수께끼', 혹은 '여성이라고 하는 수수께끼'의 증상은 '여성에게 있어서 억압된 것'―트라우마―을 분석적 대화를 경유해서 언어화하는 것에 의해 완화*된다.

프로이트는 남성이기 때문에 여성에 대해서 숙명적으로 이해가 없었지만 여성이 남성적 몰이해로부터 벗어나는 코스에 관해 적절한 지시를 남겨 주었다. 잘 생각해보면 조리가 맞지

---

* 원문에 쓰인 寬解라는 한자어는 완화를 뜻하는 옛 용어인데 특히 정신분열 증상이 약해지거나 외견상 치유된 것처럼 보이는 것을 가리킨다. ― 옮긴이

않는 이야기지만 이러한 종류의 '뒤틀림'은 모든 페미니즘 이론에 숙명적으로 각인된 '성흔聖痕'과 비슷한 것이다. 그 '뒤틀림'의 문제에 관해서는 뒤에 상세하게 논하기로 하고 일단 이야기를 진전시켜 나가겠다.

'여성의 수수께끼'를 풀기 위해서는 트라우마를 '그녀들 자신의 언어'에 의해 언어화하는 것이 필요하다.

하지만 이것은 원리적으로는 불가능한 시도이다.

왜냐하면 그녀들이 자신의 '수수께끼에 접근하는 것은 '남자＝분석가'가 '여자＝피분석자'에게 가르쳐 집어넣은 말, 즉 '남자의 언어'를 우회하는 코스밖에는 없기 때문이다.

'여자'가 그녀 자신이 당사자인 그 '수수께끼를 말하는 것을 가능케 하고, '치유'를 한 것은 '남자＝분석가'이고, '여자'가 그의 말을 빌리지 않고 다른 언어에 의해 '수수께끼에 접근하는 것은 불가능하다. 이 '뒤틀림'에 관해 코프만은 이렇게 썼다.

> 정신분석은, 그녀들이 받고 있는 성적 억압을 격렬하게 공격하고, 금지를 벗고 이야기할 권리를 회복하도록 그녀들에게 호소하지만, 분석가가 내미는 약은 동시에 독이기도 하다. 왜냐하면 그것은 그녀들을 병에 걸렸다는 사실에 의해서만 치유한다. (……) 정신분석의 해결법이 여자에게 언어를 되돌려주면 되돌려줄수록, 동시에 여자로부터 언어를 빼앗고 남자의 언어에 복종시킨

다.*

펠먼도 거의 같은 이야기를 쓰고 있다.

교육을 받은 여성으로서 우리는 모두 무의식중에 '우리 안에 박혀 있는 남성적 정신'에 사로잡혀 있다. 우리는 여성임에도 불구하고, 지극히 간단하게, 게다가 그것을 알아차리지도 못한 채로 문학을 남성으로서 읽을 수 있다. 그것과 마찬가지로 간단히, 우리는 빌려온 목소리를 사용해 '내심을 말하는' 것도 가능하다. 그 목소리를 대체 **누구로부터** 빌려온 것인지조차 알지 못한 채로.**

코프만에 의하면 여자들은 '언어를 되찾는 것과 동시에 언어를 빼앗기고' 있고, 펠먼에 의하면 여자는 '(남성으로부터) 빌려온 목소리'를 사용해 자신들의 '내심을 말하고 있는' 셈이 된다. 두 사람은 페미니즘 언어론의 가장 첨단적인 문제를 여기에서 제기하고 있다. 하지만 이것은 '첨단적인' 많은 질문이 그

---

* 사라 코프만, 『여성이라는 수수께끼 – 프로이트의 여성론 *L'énigme de la femme: La femme dans les textes de Freud*』(1980)

** Shoshana Felman, *What does a Woman Want?:Reading and Sexual Difference*, The Johns Hopkins University Press, 1993, pp.13-14

러한 것처럼 사정이 꽤 복잡하게 얽혀 읽는 문제이다. 나는 이하의 논고에서 이 복잡하게 얽힌 상황을 풀어헤쳐, 그것이 어떤 문제 요소들이 얽혀 생긴 것인지를 명확히 해나가려 한다.

타자의 언어

외국어 학교에 영어 회화를 배우러 가면 종종 외국인 교사로부터 '영어로' 일본의 문화나 사회에 관한 의견을 진술해 보라는 말을 듣는다. 그때 우리는 실로 정형적인 언어를 사용해 자국에 관해 말하고 있는 자신을 깨닫게 된다.

경험이 있는 분도 많겠지만 '영어'로 일본 사회에 관해 말하려 할 때, 우리는 좋고 싫고에 상관없이 대부분 자동적으로 '서구에서 본 일본 사회에 관한 고정관념'(집단주의, 개성을 억압하는 교육, 창조성의 결여, 교묘한 흉내 내기, 미국 추종, 아시아 멸시……)을 말하고 만다. 그 이유는 일본을 '바깥에서' 차갑게 물리치는 비판적인 코멘트를 하는 영어 문구는 점차로 많아지는데, 그 반대로 서구 사람들이 놓치고 있는 것, 알아차리지 못하고 있는 것 중에도 '훌륭한 것'이 있다는 것을 설명하기 위한 에둘러 말하기가 우리의 빈약한 영어 어휘의 어디에도 존재하지 않기 때문이다.

하지만 그것이 당연하다.

우리는 영어 회화 수업을 통해서 영어권 사람들이 일상적으로 반복하는 상투구를 암기하게 된다. 그렇게 해서 우리는 영어권 사람들에게 고유한 가치관이나 미의식을 신체화시켜 나가게 된다. 영어적인 발상법이나 세계의 수용 방식을 신체에 새기는 것이 '영어를 사용할 수 있다'고 하는 것이다. 그런 이상, 영어를 사용해 '영어 회화자에게는 보이지 않는 사상事象', '영어 회화자가 지금까지 한 번도 언어화한 적이 없는 개념'을 말한다는 것은 지극히 곤란한, 거의 불가능한 시도라는 것을 알 수 있다.

여성이 놓여 있는 언어 상황은 이것과 유비적이다.

남자＝분석가가 여자＝피분석자를 향해 질문한다.

"당신이 무의식의 밑바닥에서 억압하고 있는, '아직 언어화하지 않은 것'이란 무엇입니까? 그것을 말해주세요."

이 질문에 대답하기 위해 피분석자는 분석가에게 '닿는' 언어를 말하려고 한다. 분석가에게 수용되고, 이해되고, 승인되는 언어를, 선택적으로 더듬어 나가려 한다. 하지만 그 결과 커뮤니케이션이 순조롭게 진행되고, 자신에 관하여 보다 많은 것을 더욱 웅변적으로 말하는 게 가능해짐에 따라, 피분석자는 오히려 자기 자신으로부터 멀어지는 것 같은, 기묘한 낯설음을 느끼게 된다.

그것은 영어에 능숙해지고 영어적 발음, 영어적 표정, 영어적 신체 언어가 자동화되어 감에 따라, '영어 어휘에는 없는 개념'이나 '영어권에서는 기호화되지 않은 사상'을 말하고자 하는 의욕이 급속히 감퇴해 가는 경험과 통한다.

'타자의 언어'란 중성적인 커뮤니케이션 도구가 아니다. '타자의 언어'는 매번 이미 '타자의 정신'을 수육受肉하고 있다. '타자의 언어'를 빌려 말하는 것은 '타자의 정신'을 내면화하는 것이다.

그것은 우리 자신이 일상적으로 경험하고 있는 일이다. 예를 들어 분노의 감정은 분노의 표정이나 기호를 반드시 수반한다. 목소리를 거칠게 하고 표정을 험악하게 하는 것으로써 분노의 감정이 한층 고양된다는 것을 우리는 알고 있다. 분노의 감정이 먼저 있고 그것이 겉으로 표출되는 것이 아니다. 외형적인 '분노의 연기'를 통해서 '분노의 감정'이 내면으로 파고드는 것이다.

우리는 어느 날 문득 자신의 아이를 향해, 예전에 우리의 부모가 우리 자신을 향해 한 것과 같은 말을, 같은 표정과 같은 몸짓, 같은 조바심을 가지고 말하고 있는 자기 자신을 발견한다. 그때 우리는 부모의 가치관이나 미의식이 이미 제거할 수 없을 정도로 우리와 피와 살이 되어 버렸다는 것을 알고 깜짝 놀라는 것이다.

어떤 종류의 상투구를 말하는 것('세상에서 중요한 것은 어차피 섹스와 욕망이야'라든가 '나는 인간의 나약함이 싫어'라든가 뭐든 상관없다)과 그것에 대한 내적 확신은 **동시적으로** 일어난다. 입으로 말하지 않으면 그러한 가치관은 내면화되지 않고, 내면화되지 않으면 그런 말은 입에서 나오지 않는다. 그리고 한번 그러한 상투구를 입에서 내뱉어버린 인간은 이미 두 번 다시 '그러한 언어를 한 번도 입에 담지 않은 인간'으로는 돌아갈 수 없다.

그것은 여성이 언어를 발신하는 모든 경우에 일어난다. 여성들이 '자신의 생각'을 말하려 할 때, 그녀에게 사용하는 것이 허용되어 있는 것은 남성의 언어뿐이다. 그리고 한번 그 언어를 사용해 자신의 내면을 말했을 때, 내면은 이미 '남성적인' 가치관이나 판단에 의해 침윤되는 것이다. 따라서 이렇게 '남자의 언어'를 말하여 자기 표현하는 것을 제도적으로 강제당하고 있는 여성에게 있어서 긴급하고 정통적인 언어적 과제는 하나밖에 없다. 그것은 **여성의 언어**를 되찾는 것이다. 이것이 〈여성으로서 말하는 언어parler-femme〉론의 사고방식이다.

'여성은 자신의 언어를 갖고 있지 않다. 그로 인해 여자로서 말하는 언어를 획득하지 않으면 안 된다'라는 사고는 논리적으로는 일리가 있다.

하지만 이 이론은 출발점에서부터 큰 어려운 문제를 안고 있다.

그것은 '여자로서 말하는 언어'를 획득하기 위해서 이제부터 시작되는 길고도 엄격한 논리적 싸움에서 **잠정적인 도구로서** 어떠한 언어를 사용하는 것이 가능한가, 라는 어려운 문제이다.

지금 여성들에게는 '남성의 언어'의 사용밖에는 허용되어 있지 않다. 그것이 코프만이나 펠먼이 취하는 전제이다. 바로 그러한 이유 때문에 '여성의 언어'를 창출하는 것이 급무가 되는 것이다. 그러나 그러한 이상, '여성의 언어'가 새로 만들어지기까지의 과도기 동안에 여성은 어떤 언어를 말하면 되는 걸까.

그때, 만약 '남성의 언어'를 사용하는 것을 통해 '여성의 언어'를 창출할 수 있었다고 한다면, 그것은 '남성의 언어'를 사용해도 여성은 자신의 생각을 말하고, 자신의 의지를 실현하는 것이 가능하다는 셈이다. 그렇다면 '여성의 언어'는 필요하지 않았다는 게 된다.

반대로 '남성의 언어'를 사용하는 한 '여성의 언어'는 영원히 새로 만들어질 수 없다고 한다면, 싸움은 시작하기도 전에 끝나고 만다.

둘 중 어느 경우에도 '여성의 언어'의 가능성은 부정된다.

'여성은 언어를 되찾는 것과 동시에 빼앗긴다'라고 코프만이 말한 언어와 주체를 둘러싼 **근본적인 아포리아**가 여기에 있다.

언어의 감옥

'어떤 언어의 이데올로기성이 화자의 자유와 주체성을 어떤 식으로 손상시키고 있는지를 그 해당 언어를 사용해서 반성적으로 기술하는 것은 가능한가?'라는 고전적인 철학적 난문에 관해서는 플라톤 이래 실로 수많은 철학자가 성찰을 거듭해왔다.

우리는 반드시 혹은 '이미 존재하는 언어' 가운데서 태어나 세상에 나온다.

나는 일본어 화자이지만, 이 언어학적 환경을 나는 스스로 선택한 것이 아니다. 그러나 나의 사고나 경험의 양식은 내가 현실에서 사용하고 있는 일본어에 의해 깊게 규정되어 있다. 그뿐 아니라, 나 자신의 사고가 일본어에 의해 어떤 식으로 제약되어 있는가라는 질문을 던질 때조차도, 나는 그러한 반성을 '나 자신의 사고를 제약하고 있는 바로 그 일본어'를 사용해서 할 수밖에 없다.

이 '출구 없는' 무한순환 속에 우리는 갇혀 있다. 이 닫혀 있는 존재 방식의 원형을 우리는 플라톤이 『국가』에서 말한 '동굴의 비유'에서 볼 수 있다.

동굴 속에서 태어나 손발이 묶여서 동굴 깊숙한 곳의 스크린에 펼쳐지는 '그림자 인형극'만을 바라보고 성장한 인간이 있다고 하자. 그 사람은 그림자의 세계야말로 진실의 세계라고 믿고 있다. 따라서 가령 억지로 동굴 바깥으로 끌어내서 현실의 햇빛을 보여주어도 아플 정도로 눈이 부셔서 햇빛으로부터 눈을 돌리고 발걸음을 돌려 동굴 속으로 돌아가려 할 게 틀림없다고 플라톤은 썼다.

> 그는 괴로워하면서, 억지로 끌려나온 것에 대해 불평하고, 이제 햇빛이 보이는 곳으로 나와도 눈에는 휘황한 빛이 가득차서, 이제는 진실이라고 말하는 것은 하나도 볼 수 없게 되지 않을까.*

우리 각자의 언어는 우리 각자의 동굴이고, 우리가 진실의 경험이라고 굳게 믿고 있는 것은 각자의 동굴 생활에 고유한 '그림자극'인지도 모른다. 그렇다고 해서 '지하의 주거지로부터 강제로' 누군가에 의해 끌려 나와도 우리는 빛나고 있는 것

---

* 플라톤, 『국가』

이 '햇빛'인지, 아니면 다른 동굴에서 연출되고 있는 '덧없는 그림자극'인지 판정할 수 있는 권리를 갖고 있지 않다.

아마도 마음이 약한 인간은 햇빛으로부터 눈을 돌리고 원래의 동굴로 돌려보내 달라고 눈물로 호소할 것이다. 동굴 속의 어둠은 어떤 의미에서는 어머니의 태내와도 비슷하게 마음이 편안한 장소이기도 하기 때문이다. 거기에 머물러 있는 한, 자신이 보고 있는 것이 '현실'인지 '그림자극'인지 판정하기 위한 괴로움을 겪을 필요도 없다. 과연 그것의 진위를 판정할 권리가 자신에게 있는가라는 대답할 수 없는 질문을 떠맡을 필요도 없다.

그러나 인간은 '동굴 바깥'으로 끌려나올 수밖에 없는 숙명을 짊어지고 있다. 좀 더 정확히 말하자면, 그러한 고통을 떠맡는 자만이 '인간'이라고 불릴 수 있는 것이다.

'동굴의 바깥으로 나가는 것'을 헤겔은 '자기의식'이라고 불렀다.

자기의식이란 자신이 어떤 존재인지를 묻는 것, 그러니까 '자신의 바깥'으로 일단 도망쳐서, 상상적으로 확보된 시좌視座로부터 자신을 '돌아보는' 것이다. 인간의 인간성은 이 '자신의 바깥으로 나간다'고 하는 근원적인 경향성으로 담보되고 있다. 헤겔은 이렇게 썼다.

살아 있는 실체야말로, 참으로 주체적인, 바꿔 말하면, 참으로 현실적인 존재인데, 그렇게 말할 수 있는 것은 실체가 자기 자신을 확립하는 운동을 하기 때문이고, 자신의 바깥으로 계속해서 나가면서 자신의 근원에 머무르기 때문이다. 실체가 주체라는 것은 거기에 순수하고 단순한 부정否定의 힘이 작동해, 실로 그로 인해서 단일한 사물이 분열하는 것이다. 하지만 대립의 움직임은 한번 더 일어나, 분열한 각자가 상대와 관계없이 단지 마주 보고 서 있다는 상태가 부정된다. 이렇게 해서 재건된 통일, 바꿔 말하면 바깥으로 나가면서 자신을 돌아다보는 움직임이야말로—최초에 있었던 직접적 통일과는 다른, 바로 이 제2의 통일이—진리인 것이다.[*]

'바깥으로 나가면서 자신을 돌아다본다'고 하는 이 몸짓이 '자기의식'이다. 이것 자체는 이치로서는 그다지 어려운 이야기가 아니다. 그러나 여기에서 헤겔은 기묘한 내용을 적고 있다. 그것은 '최초에 있었던 직접적인 통일'과 그것과는 다른 '제2의 통일'의 두 종류의 '통일'이 있다고 한 사실이다.

'최초에 있었던 직접적 통일'이란 무반성적인 존재 양태에

---

[*] G. W. F. 헤겔, 『정신현상학』

완전히 충족감을 느끼고 있는 동물적 존재자가 향수하고 있는 소박한 통일을 말한다. 동물적 존재자는 이 원초의 통일 안에서 편안히 휴식을 취하고 있고, 자신의 존재에 대한 실감을 확증하기 위해 굳이 '바깥으로 나가 뒤돌아보는' 것 같은 무익한 행동은 하지 않는다.

한편 인간적 존재자는 반드시 바깥으로 나간다. 바깥으로 나가지 않고는 있을 수 없다. 그것이 인간의 인간성이기 때문이다.

하지만 그렇게 바깥으로 나가서 자기 반성을 하고 '제2의 통일'을 이룰 때, 인간은 근본적인 분열을 끌어안게 된다. 그것은 자기의식의 '주체'와 '대상'이 양쪽 다 '나'라고 하는 분열이다.

'나를 의식하고 있는 나'와 '나로서 의식되고 있는 나'. 자기의식의 달성이란, 그 이면으로 바꿔 말하면, 원초에는 하나였던 '나'가 '보는 나'와 '보여지는 나'로 분열해 버리는 것이다.

헤겔은 이 두 가지는 궁극적으로는 '똑같은 나'이기 때문에 아무런 문제도 없다고 말한다.

생성이란 단순한 것으로 돌아가는 것이다. 태아는 **결국** 인간이 되게 되어 있지만, 자신이 인간이라는 것을 자각하지 않는다. 이성이 있는 어른이 되었을 때, 비로소 자신이 인간이라는 사실을 자각하는데, 그때, 그렇게 **되어야 할** 존재가 **된** 것이다. 이렇게 해서

이성이 현실의 것이 된다.[*]

확실히, 헤겔이 했듯이 시간적 비유를 사용해 이 '두 개의 나'를 태아와 어른으로 분리하면 자아의 분열 문제는 전경화全 景化되지 않는다. 그러나 공간적인 비유를 사용해 '계속해서 의식하고 있는 나'와 '의식된 나'가 마주 보고 있는 도상을 머릿속에 떠올리면 분열의 문제는 상당히 심각해진다.

'나'가 '나의 바깥'으로 나가 계속해서 뒤돌아보면서 '아, 저것이야말로 나다'라고 확신할 때, 그렇게 확신하고 있는 '나'와, 그 확신을 기초 짓게 한, '저것'이라고 원칭遠稱해 불리는 '나'의 사이에는 명백히 넘을 수 없는 괴리가 존재한다. 그리고 인간은 실제로는 이 괴리로 인해 계속해서 고통을 받게 되는 것이다.

이러한 인간의 존재 방식을 라캉은 '근원적 소외alénation fondamentale'라고 불렀다.

'근원적 소외'란 인간은 자신이 진짜로 생각하고 느끼고 있는 것을 결코 언어로 표현하는 게 불가능하다라고 하는 숙명

---

* 같은 책

적 상황을 말한다.

우리는 언어를 사용해 자신의 '내면'이나 '마음'이나 '생각'을 말로 표현하려 한다. 하지만 경험적으로 잘 알고 있는 것처럼, 그 언어는 항상 '너무 지나치거나, 그 정도 표현으로는 충분하지 않거나' 둘 중의 하나로, 내가 '말한 것'과 내가 '말하려고 한 것'이 과하거나 부족하지 않게 합치되는 일은 결코 일어나지 않는다.

그것은 분석적 대화의 국면에서 '억압된 기억'이 의식화, 언어화될 때에도 역시 다르지 않다.

피분석자는 분석가를 향해 자신의 '억압된 기억'을 언어화하려고 노력한다. 그러나 아무리 말해도, 그 기억의 등장인물인 '나'라는 존재와, 지금 소파에 누워서 말하고 있는 '나' 사이에는 결정적인 괴리, 일종의 '채워지지 않음'을 메우는 것이 불가능하다. 라캉은 이렇게 썼다.

이 채워지지 않음은 어디에서 유래하는 것일까? 분석가가 말 없이 잠자코 있어서일까? 그러나 피분석자의 내용 없는 말에 대해 대답을 하는 것은, 나아가 동의를 하는 듯한 대답을 하는 것은 잠자코 있는 것보다도 한층 더 피분석자의 채워지지 않음을 크게 할 뿐이다. 그것은, 이 채워지지 않음이 분석가의 응답의 좋고 나쁨이 아니라, 주체가 말하는 그것 안에 내재해 있다는 것이 된다.

피분석자는 '나는……'이라고 말하는 것으로서, 점점 더 자기 자신으로부터 괴리감을 깊게 느끼게 되는 것은 아닐까? (……)피분석자는 말을 계속하면서, 그가 말하고 있는 '나'라는 것이 그가 상상 속에서 만들어낸 창조물에 지나지 않는다는 것, 이 창조물이 그의 자기 확신을 점점 더 손상시키고 있다는 것을 깨닫는다. 피분석자가 수행하는 이런 작업, '타자를 위하여/타자를 대신해pour un autre' 이 창조물을 만들어내는 작업 속에, 피분석자의 근원적 소외는 존재한다. 근원적 소외인 까닭에, 그는 '나'를 '타자 같은 것comme un autre'으로서 만들어 내고, 그것은 또한 항상 '타자에 의해par un autre' 그로부터 빼앗기게 되는 것이다.*

우리는 타자의 이해와 승인을 구하려고 때때로 자신에 관하여 말한다. 정직하게, 또한 확신을 담아 '나는 ……이다'라고 단정하기도 한다.

그러나 경험적으로 알려져 있는 것처럼 그렇게 자기 규정을 할 때, 내 안에서는 어떠한 형태의 꿍꿍이가 항상 작동하고 있다. '그러한 인간'으로서 타자로부터 '승인'을 받고 싶다고 하는 욕망이 나의 말을 통제하고 있다.

---

* Jacques Lacan, Fonction et champ de parole et du langage en psy-chanalyse, in *Ecrits I*, Seuil, 1966, p.125

예를 들어 내가 '나는 머리가 나쁜 인간입니다'라고 말할 때는 '나는 자신의 지적인 능력에 대해 적절하게 평가할 수 있을 정도로 지적인 인간입니다'라는 메시지를 동시에 발신하고 있다. '나는 사악한 인간입니다'라고 단언할 때는, '나는 자신의 도덕성을 과대평가할 정도로 비윤리적인 인간이 아닙니다'라는 메시지를 동시에 발신하고 있다. 우리는 늘 무언가를 말하면서, 동시에 '그것을 말하는 것에 의해 말하고 싶은 다른 것'을 말하고 있다.

따라서 우리는 커뮤니케이션이 잘 이루어지지 않게 되면 종종 화를 내면서 '당신은 그렇게 말함으로써, 무슨 말이 하고 싶은 겁니까'라는 질문을 상대에게 하게 된다(라캉은 이것을 '아이의 담론diocours'이라고 이름 붙였다).

이 '아이의 디스쿠르'에 우리는 즉답할 수 없다. 왜냐하면 우리는 평소에 자신이 무엇을 말하기 위해 어떤 것을 말하는지를 의식한 적이 없기 때문이다. 따라서 우리가 타자를 향해 말할 때, 얼마만큼 엄밀하게, 얼마만큼 논리적으로, 얼마만큼 자세하게 말한다 해도, 말을 끝낸 뒤, '그런데, 사실은 뭘 말하고 싶은 거야So what?'라는 '아이'의 질문 앞에 말문이 막힐 위험으로부터 벗어날 수 없다.

이것은 '말하는 나'—라캉은 이것을 '주체sujet'라고 부른다—와 나의 말 속에 등장하는 '나'—라캉은 이것을 일인칭

'나$_{je}$'라고 부른다— 사이에는 넘을 수 없는 괴리가 있는 것의 당연한 귀결이다. 인간이 자기의식을 지니는 생물인 이상, 누구 하나 이 '근원적 소외'의 숙명으로부터 벗어날 수 없다.

플라톤도 헤겔도 라캉도 말하는 사실은 같은 것이다.

원초의 통일을 동기적, 무반성적으로 향유하고 있는 한, '나'는 결코 '나'를 엄밀하게 기초 지을 수 없다. 그러나 '나'를 엄밀하게 기초 짓고 확립하려고 '나의 바깥'으로 나가, '나'를 향해 마주하는 분석적 시좌에 서려 하는 한, '나'는 분열하고, '기초 짓는 나'와 '기초 지어지는 나' 사이에는 넘기 어려운 괴리가 생긴다. 여기에 '자아의 기초 짓기'에 관한 근본적인 아포리아aporia가 있다.

'나'를 기초 지으려는 시도—'동굴 바깥'으로 나오는 것, '자기의식'이라는 것, '나에 관한 이야기'를 분석가를 향해 말하는 것—는, 매번 그런 식으로 해서 기초 지어진 '나'와의 사이에 숙명적인 '어그러짐'을 불러오게 된다.

예를 들어, '나는 다섯 살 때 아버지에게 격렬한 살의를 느꼈다'라는 고백이 있었다고 하자. 그때, '나'의 본적지는 '아버지에게 살의를 느꼈던 다섯 살의 나'에 있는가, 그 '억압된 기억'을 분석가의 인도로 말하고 있는 '현재의 나'에 있는가. 둘 중 어느 쪽일까. 회복된 기억＝이야기의 '주인공'이 '나'인가, 기억＝이야기의 '화자'가 '나'인가. 둘 중 어느 쪽일까.

그것을 결정하는 심급審級은 지금은 존재하지 않는다.

인간이 '언어에 의해 개시開示된 나의 기원'을 파악하려 하는 한, '언어에 의해 개시된 나의 기원'을 '파악하고 있는 나'와, 나에 의해 기원적으로 '파악된 나'가 다른 사람이 되는 것은 불가피한 일이다.

인간으로서 할 수 있는 것은, '말하는 나'와 '말해지는 나', '보는 나'와 '보여지는 나', '개시하는 나'와 '개시된 나' 사이의 넘기 힘든 괴리, 치유되기 힘든 '채워지지 않음'에 관하여 말하는 것뿐이다. 일단은 그것으로 만족하는 수밖에 없다.

'나'에 관해 확실한 것은, 그 본능적인 존재의 방식이 '나에 관하여 말하고 있는 나'도 '나에 의해 말해지는 나'도 둘 다 기원적인 '나'라고 말할 수 없다고 하는 모호함이라는 사실뿐이다.

언어를 발신하는 것에 의해 주체는 존립하기 시작하지만, 동시에 주체의 통합 실조失調도 시작된다. 평이하게 말하면, 주체는 통합 실조라는 병태病態를 통해 처음으로 존재하기 시작하고, 그 이외의 양태로는 존재할 수 없다는 것이다.

언어를 사용해 주체를 정위定位하려는 시도는 원리적으로 항상 실패한다. 그것을 성공시키기 원한다면 우리는 '주체'라든가 '나'라는 개념의 정의를 고쳐 쓰는 것에서부터 시작할 수밖에 없을 것이다.

이상의 것이 나의 이 문제에 대한 기본적인 마음가짐이다. 상당히 긴 서론이 되고 말았는데, 일단은 지금까지의 내용을 전제적으로 이해하고 공유해 놓지 않으면, '여성의 언어'를 둘러싼 논의의 내용을 음미하려는 시도는 어렵다.

내가 보기에는 페미니즘 언어론은 '언어와 주체'에 연관된, 이 오래되었으면서도 새로운 철학적 난문에 '젠더'라는 시점으로 달려들어, 문제에 대한 새로운 '돌파구'를 제시했다. 페미니즘이 이 난문의 '새로운 돌파구를 제시했다'는 사실을 나는 높이 평가한다. 하지만 물론 그것은 페미니즘이 이 '답할 수 없는 질문'의 '정답'을 맞혔다는 것을 의미하지는 않는다.

나의 흥미는, 페미니즘 언어론이 어떻게 해서 페미니즘적 '정답'을 이끌어냈는가가 아니라, 어떠한 '새로운 돌파구'를 제시했는가를 조준하고 있다. 그것은 바꿔 말하면, 어떻게, 이 질문에 답하는 것에 '실패했는가'를 조준하는 것이기도 하다.

제2장
페미니즘 언어론의 기본 설정

문제의 소재

여성은 항상 남성이 아닌 자로서 규정된다. 즉 그녀는 결여되어 있는 자질에 의해 인지되고 있다. '부負의 남성'이다. 언어는 여성을 열등한 존재로 하는 기본적 젠더 아이덴티티를 확립하고, 그것을 유지하고 있다.*

다소 뉘앙스의 차이는 있지만, 페미니즘 언어론의 기본적

---

* Susan J. Hekman, *Gender and Knowledge: Elements of a Postmodern Feminism*, 1990

사고는 대략 이런 틀로서 이야기된다. 이 사고는 처음 프랑스에서 제창되었고, 영미의 대학을 경유해서 일본에도 침투했다. 현재 이 페미니즘 언어론은 문학 연구나 언설 연구의 영역에서는 거의 '지배적인dominant' 지견知見으로서 언급되기에 이르렀다.

페미니즘 언어론은 대체로 다음과 같은 명제로 정리할 수 있다.

(1) 언어는 '성화sexualize'되어 있다. 무성의, 혹은 중성의 언어라는 것은 존재하지 않는다.

(2) 언어는, 그 사회 집단의 젠더 구조를 반영한다. 결국 성차별적인 젠더 규범을 지닌 사회 집단(요컨대 모든 사회 집단을 가리키는데)의 언어는 성차별적인 언어가 된다.

(3) 그러한 사회 집단에 속하는 화자들은 가치 중립적인 언어로 말하고 있다고 믿고 있을 때도, 남성이든 여성이든 성차별적인 언어를 말하고 있고, 하나의 단어를 말할 때마다 성차별적인 이데올로기를 반복해서 승인하고 강화하고 있다.

(4) 이 성차별적=남성중심주의적 사회의 여러 제도를 변혁하기 위해서는 경험을 기술하고, 추론하고, 사고하고, 의견을 전달할 때의 **어법 그 자체**에 개선이 필요하다.

(5) 성차별적＝남성중심주의적 사회를 변혁해 가는 여성 주체가 말하기 위한 언어, 여성 주체에게만 특화된 유성有性적인 어법, '여성으로서 말하는 언어parler-femme의 창출이 전략적 급무가 된다.

이것이 젠더와 언어의 관계에 관한, 현재 상당히 광범위한 페미니스트들 사이에서 승인되고 있는 사고방식이다(물론 세계는 넓기 때문에 언어와 젠더의 연관에 관하여 생각해본 적도 없는 페미니스트도 있을 것이고, '여성으로서 말하는 언어' 같은 것은 남성 중심주의의 파생물에 지나지 않기 때문에 내던져 버리는 페미니스트도 있다. 우선은 '현재 상당히 광범위하게'라는 한정 조건을 붙여서 논의를 진행해 가겠다).

우선 이러한 생각이 탄생하게 된 사상사적 문맥을 소급하는 것에서부터 시작하기로 하자.

시몬 드 보부아르와 헤겔주의적 페미니즘

'언어는 성화되어 있다'는 것을 단순히 '사실'로서가 아니라, 젠더와 연관된 정치적, 전략적 '과제'로서 받아들인 최초의 중요한 사상가는 시몬 드 보부아르이다.

'인간은 여성으로 태어나지 않는다. 여성이 되는 것이다'*라는 보부아르의 말은 근대의 성차에 관한 발언들 가운데서 가장 중요한 말 중의 하나이다.

　보부아르는 '타고난 여성성'이라는 것을 인정하지 않는다. 여성적 본질, '여성다움', '여성적인 조신함'이라는 것들은 전부 역사적, 상황적인 규정에 지나지 않는다. 여성에 내재하는 '영원히 여성적인 것l'éternal féminin' 따위는 존재하지 않는다. '여성'을 '여성'답게 하는 것은 생물학적 '사실'이 아니라, 바로 어떤 종의 해부학적 차이를 한층 더 징후화하고, 기호화하고, 거기에 정치적인 의미를 부여한 역사적 '상황'이다. 여성/남성 사이에 있다고 여겨진 넘을 수 없는 차이라는 것은, 역사적으로 형성된 인습에 지나지 않는다.

　주디스 버틀러의 표현을 빌리자면 '남성' 혹은 '여성'이라는 명사로 지칭될 수 있는 실체가 먼저 있고, 거기에 형용사가 부가되는 것이 아니라, '남자다움'이나 '여자다움'이라고 하는 사회적 인습이 먼저 존재하고, 그 인습의 규범에 따라 성적으로 행동하는 사람들이 그 뒤에 '남성' 또는 '여성'으로서 등장한다.

---

* Simone de Beauvoir, *Le Deuxieme sexe* Ⅰ, Gallimard, 1949

젠더의 실체적 효과는 젠더의 수미일관성을 요구하는 규제적인 실천에 의해 수행적으로perrformative 생겨나 강요되는 것이기 때문이다.*

푸코의 탁월한 비유를 빌리자면, 우리가 '여성성'이라고 부르는 것은 체셔 고양이**의 '야옹야옹 웃음' 같은 것이다. '고양이'의 본체가 어디에도 없는 채로, '야옹야옹 웃음'은 실제적인 쾌락의 세계를 형성하고 있다

사회 구축적인 성차별이라는 것은, 예를 들면 '체중 60킬로그램 이상의 인간과 이하의 인간'으로 사회 구성원을 두 개의 카테고리로 나누는 것과 같은 것이다. 그중 한쪽에만 사회적 자원(권력, 위신, 재화, 정보 등)을 집중시키고, 다른 한쪽에는 그것을 부여하지 않는다는 규칙을 만든다면 우리는 그것의 불합리를 야유할 것이다. 그러나 우리가 젠더에 관해 행동하는 것이 거의 그와 비슷하다고 본 것이 보부아르적 사회구축주의의 생각이다.

'체중 60킬로그램 이상의 인간에게 고유한 심성' 같은 것은

---

* 주디스 버틀러, 『젠더 트러블』
** Cheshire Cat. 루이스 캐럴의 『이상한 나라의 앨리스』에 나오는 가공의 고양이. 장난기 많은 웃는 표정이 특징이다. – 옮긴이

존재하지 않는다. 마찬가지로, 남성, 여성 각자에게 고유한 심성 같은 것이 존재할 리 없다. 왜냐하면 성차라는 것은 분자 레벨까지 환원해서 보자면, 성호르몬 분비량의 과다라고 하는(체중 차이와 마찬가지로) 생물의 아날로그한 연속에 새겨진 자의적인 경계에 지나지 않기 때문이다.

성적 차이라는 것은 **실체로서는** 존재하지 않는다. 한쪽의 성에 고유의 자질이나 사고방식 같은 것은 존재하지 않는다. 세상에서 성적인 차이라고 여겨지는 것은 전부 성차별이 실효적으로 기능한 뒤, 사후적으로 **상황에 의해** 부여된 것에 지나지 않는다.

'우리는 인간에게 본성이 있다는 것을 믿지 않는다. 인간은 무엇보다도 먼저 "상황 안에 있는" 존재이다'*라는 사르트르의 실존주의의 정식定式을 보부아르는 젠더론에 적용한 것이다. 사르트르가 말한 '상황'이란 요컨대 사회적 자원의 배분을 둘러싼 정치를 말한다. 보부아르는 이렇게 썼다.

두 개의 성은 한 번도 세계를 균등하게 배분한 적이 없다. 오늘날에도 역시, 여성의 조건은 향상되고는 있지만, 여성에게는 무거

---

* Jean-Paul Sartre, *Réflexion sur la question Juive*, Gallimard, 1954

운 핸디캡이 부과되어 있다. 여성과 남성의 법적 권리가 동등한 나라는 거의 존재하지 않는다. (……) 모든 역사는 남성에 의해 만들어져 온 것이다. (……) 이 세계는 여전히 남성의 것이다.*

이 성차별의 구조로 인해 여성은 남성과는 다른 방식으로 그 주체성을 세울 수밖에 없다. 여성은 '주체로서 자기 정위定位하는' 자기 결정권을 포기하는 대가로, 남성적 주체에게 '보호받는 존재'의 지위로 내려간다. 스스로를 '남성적 주체들의 대상물'의 지위로 깎아내림으로써 안정과 보호를 획득하는 것, 그것이 여성에게 강요되는 주체성의 모습인 것이다. 보부아르는 이것을 '실존하는 즉자로의 타락'(그것은 '인간으로부터 동물로의 타락'과 거의 같은 의미이다)이라고 격렬한 표현으로 비판한다.

여성 또한 인간이 되지 않으면 안 된다. 이 문맥에서 '인간'이란 '세계를 균등하게 배분할' 권리를 당당하게 청구하는 존재를 가리킨다.

여성은 굴복하는 것을 감수해서는 안 된다. 남성이 독점하고 있는 사회적 사원에 대해 여성들도 확실하게 권리를 주장하고, 만약 남성이 그것에 저항한다면, 어느 쪽이 주체이고 어

---

* Beauvoir, op. cit., pp22-23

느 쪽이 대상인가를 결정하기 위한 제로섬 싸움을 전개해야 하는 것이다.

남성중심주의적인 이 사회는 여성에게 '대상으로서 응고될 것'을 요구하고 있다. 그러한 성차별적 요청은 단호히 거절하지 않으면 안 된다. '여성을 비본질적인 존재로서 구성하려고 하는 상황의 요청'을 물리치고, '항상 본질적인 존재로서 자기 긍정하는 주체의 근본적 권리 청구'를 관철하지 않으면 안 된다.[*]

남성과 여성 간에 주체로서의 이니셔티브와 사회적 자원의 배분을 둘러싼 치열하고 비타협적인 투쟁이 전개되고 있다고 하는 이 보부아르의 계획scheme은, 유감스럽게도 그녀가 창안한 것은 아니다. 보부아르는 이것을 알렉상드르 코제브의 헤겔 강의를 통해 학습했다.

알렉상드르 코제브는 헤겔 『정신현상학』 강의로 1930년대 프랑스의 지식인들에게 결정적인 영향을 끼친 인물이다. 코제브의 헤겔 강의 청강생 명단에는, 레몽 아롱, 조르주 바타유, 피에르 크로소스키, 장 발, 자크 라캉, 모리스 메를로 퐁티, 레몽 크노, 로제 카유아, 장 폴 사르트르 등, 그 뒤로 수십 년에

---

* Ibid., p34

걸쳐 프랑스 사상을 이끌어 가게 되는 지식인 세대의 거의 전원이 등록되어 있다. 라캉이 코제브의 영향하에서 그의 정신분석 이론을 구축한 것은 잘 알려진 사실이지만, 실제로는 강의를 듣지 않은 보부아르가 헤겔의 인간학을 환골탈태시켜 『제2의 성』을 썼다는 것은 그다지 알려져 있지 않다. 보부아르의 페미니즘에 관한 이해를 깊게 하기 위해서, 코제브가 헤겔 인간학의 핵심이 바로 거기에 존재한다고 생각한 '주인과 노예의 변증법'을 여기에서 간단히 소개하겠다.

코제브에 의하면, 인간적 욕망과 단순한 동물적 욕망의 차이는 동물적 욕망이 단순한 생리적 욕구의 충족을 추구하는 데 대해, 인간적 욕망은 '타자의 욕망'을 조준하는 것에 있다.

> 인간적 욕망, 좀 더 정확하게 표현하자면, (……) 인간의 생성을 가져온 욕망은 실재하는 '긍정적'인 소유의 대상이 아니라, 타자의 욕망을 향한다고 하는 사실에 의해, (단지 생존하고 단지 자기의 생명 감정을 갖는 데 지나지 않는 자연적 존재자를 구성하는) 동물적 욕망과 다르다. (……) 즉, 상호간에 '욕망되고', '사랑받는' 것, 혹은 자기의 인간적 가치, 개인으로서의 실재성에 있어서 '승인되는' 것을 바라는 것이 아니라고 한다면 그 욕망은 인간적이지 않다. (……) 타자가 욕망하는 것을 타자가 그것을 욕망하기 때문에 욕망하는 것이, 인간적인 것이다.*

인간이 양식으로 삼는 것은, 음식이나 생리적 안식이 아니다. 인간은 타자에게 사랑받고, 승인되고, 타자의 욕망의 대상이 되는 것을 양식으로 해서 살고 있다. 그것이 '인간의 욕망은 타자의 욕망을 향한다'라는 테제의 의미이다. 따라서 인간이 인간적이기 위해서는 **제각각 상대의 욕망의 대상이 되기를 바라는 두 명의 인간이 마주하는 것**이 필요하다. 이 두 사람이 제각각 '자기를 타자에게 승인받고, 지고의 가치로서 자기를 타자로부터 인정받는다'고 하는 '자기 욕망의 충족'을 위해서 한 걸음도 물러서지 않는 경우, '양자의 조우는 생사를 건 투쟁이 되지 않으면 안 된다.'**

그러나 이 투쟁은 엄밀히 말하면 '생사를 건 투쟁'이 아니다. 왜냐하면 이 투쟁에서 상대를 죽여 버리는 경우, '타자에 의해 승인받는' 것이 불가능해지기 때문이다. '타자에 의해 승인받고 싶다'고 하는 욕망을 성취하기 위해서는 투쟁의 당사자 양쪽이 둘 다 살아남고, 또한 한쪽이 자기의 욕망을 포기하고 타자의 욕망을 충족시키지 않으면 안 된다. 이 투쟁에 있어서 패배한 존재 그러니까 상대를 두려워하고, 굴종하고, 자기의 욕

---

* A. 코제브, 『헤겔 독해 입문 - 정신현상학을 읽다Introduction à la lecture de Hegel, Leçons sur la Phénoménologie de l'esprit』
** 같은 책

망을 포기한 쪽이 '노예'가 되고 상대를 두려워하게 한 존재가 '주인'이 되는 것이다.

> 인간이 되려고 할 때, 인간은 결코 단적端的으로 인간인 것이 아니다. 인간은 항상 필연적으로 또 본질적으로, 어떤 경우는 주인이고, 어떤 경우는 노예이다. (……) 만약 개시開示된 인간적 실재성이 세계사 이외의 그 어떤 것도 아니라고 한다면, 이 역사는 주인인 것과 노예인 것의 상호교섭의 역사라고 하지 않으면 안 된다. 즉 역사적인 '변증법'이란 주인과 노예의 변증법이다. (……) 인간적 존재자가 현실에서 인간인 것은, 즉 타자에 대해서도 자기 자신에 대해서도 현실에서 인간적인 것은, 단지, 한 명의 타자에게, 수많은 타자에게, 그리고 궁극적으로는 모든 타자에게 '승인받는 것'에 의해서이다.*

이 헤겔의 '주인과 노예의 변증법'을 보부아르는 거의 그대로 '남성과 여성의 변증법'으로 고쳐 읽었다.

> 여성의 눈에 남성은 '타자'로서 비친다. 그것은 남성의 눈에는

---

* 같은 책

여성이 '타자'로서 보이는 것과 마찬가지다. 그러나 남성적 '타자'는 여성의 눈에는 본질적인 존재로서 보이는 것에 대해, 남성의 시선 앞에 있는 여성은 스스로를 비본질적인 존재로서 파악하는 것이다.[*]

스스로를 '본질적인 존재'로서 파악하는 존재, 그것은 '주인'이고, 스스로를 '비본질적인 존재'로서 파악하는 존재, 그것이 '노예'이다. 그렇다고 한다면 보부아르가 여기에서 기술하는 성차의 관계는 그대로 주인-노예의 관계가 된다. 보부아르는 '주인과 노예'라고 하는 헤겔적 용어를 피하고 '군주와 신하'라고 말을 바꿔서 설명하고 있지만, 말하고 있는 내용은 완전히 똑같다.

남성-군주souverain는 여성-가신vassal을 물질적으로 보호하고, 그 존재에 정통성을 부여한다는 임무를 받아들일 것이다. 경제적인 리스크를 떠맡는 대신, 여성은 자유라고 하는 형이상학적 리스크를 회피한다. 자유는 누구의 도움도 받지 않고 달성해야 하는 자기 자신의 삶의 목적을 여성에게 부과하게 되기 때문이다.

---

[*] Beauvoir, op. cit., p373

따라서 온갖 개인은 주체로서 자기 정위해야 하는 자못 윤리적인 주장이 펼쳐지는 한편으로, 여성 중에는 이 자유에서 도망쳐, 자신을 물상화하고 싶다고 하는 유혹 또한 존재한다. (……) 이것은 안일한 길이다. 이 길을 걸어가면 자기의 실존을 정통적인 방식으로 받아들일 경우의 고뇌와 긴장에서 도망칠 수 있기 때문이다. 이때 여성을 '타자'로 간주하는 남성은, 여성 자신 안에서 친밀한 공범성을 발견하게 된다.[*]

헤겔적인 주인과 노예의 관계도, 이미 보았던 것처럼, 단순한 대립이나 상극의 관계가 아니라, 상호 의존적이고, 어떤 의미에서는 '친밀한' 공범적 관계이다. 주인은 적을 멸망시켜서는 안 된다. '그 생명과 의식을 적에게 남겨, 그 자립성만을 파괴하지 않으면 안 된다. 자기에 대립하고 반항하는 존재자로서의 적만을 폐기하지 않으면 안 된다. 바꿔 말하면 적을 노예로 만들지 않으면 안 된다.'[**]

남성도 역시 여성을 그 '공범자'로 내버려두려 한다. 그것은 여성에게는 '안일한 길'이기도 하다. 그것은 여성에게 '형이상학적 리스크'와 '고뇌와 긴장'으로부터 도망치는 것을 허용한

---

[*] Ibid, p.23
[**] 코제브, 『헤겔 독해 입문 – 정신현상학을 읽다』

다. 그때, 남성으로부터 제공되는 안일에 굴복해서, 남성과의 '생사를 건 투쟁'으로부터 도망치려 한다면, 그것은 바로 헤겔이 말한 '노예' 그 자체이다.

　　이 노예는 패배한 적이고, 생명의 위험을 초래할 수도 있을 최후까지 돌진하지 않고, 주인이 지녀야 할 원리, 즉 삶이냐 죽음이냐의 원리를 채택하지 않은 패자이다. 그는 타자에 의해 수여된 생명을 감수했기 때문에 이 타자에게 종속된다. 그는 죽음보다는 예속을 좋아한 것이고, 그가 살아 있기는 하지만 노예로서 사는 것은 그 때문이다.*

　　이 코제브의 문장 속의 '노예'를 '여성'으로 고쳐 쓰면, 그것은 그대로 보부아르의 여성론이 된다는 것을 알 수 있을 것이다. 코제브가 쓴 군사적 비유를 거의 그대로 유용流用하는 형태로, 보부아르는 노예 상태에 만족하고 있는 동성同性을 향해 '생사를 건 투쟁'의 장으로 돌아올 것을 촉구한다.

　　우리가 채용하는 것은 실존주의의 입장이다. 모든 주체는 투기

---

* 같은 책

投企를 통해 초월로서 자기를 긍정한다. 주체는 다른 자유들을 향한 부단한 극복에 의해서만 스스로의 자유를 성취한다. 지금 여기에 실존하는 것은, 무한히 개방되어 있는 미래에 대한 자신의 확대에 의해서밖에는 기초 지을 수 없다. 초월이 내재로 실추할 때마다, 실존으로부터 '즉자'로의, 자유로부터 사물성으로의 추락이 생긴다. (……)실추는 절대악이다. 자신의 실존을 정당화하는 것을 유의해야 하는 모든 주체는, 실존을 자기 초월을 향한 무한한 욕구로서 경험한다. 그런데 여성의 상황을 특이한 방식으로 규정하고 있는 것은, 전적으로 인간적 존재이자 자율적 자유인데도 여성들은 자신을 '타자'로서 받아들이는 것을 여성에게 남성들이 강요하는 세계 속에서, 자기 발견, 자기 선택한다는 것이다. 여성은 대상으로서 응고할 것, 내재에 헌신해야 하는 것이 당연한 것처럼 요구된다. 왜냐하면 여성의 초월은 또 하나의 의식, 본질적이고 군주적인 의식에 의해, 끝없이 초월되지 않으면 안 되기 때문이다. 여성의 드라마란, 항상 본질적인 것으로서 자기 긍정하는 모든 주체의 근본적인 권리 요구와, 여성을 비본질적인 존재로서 구성하려고 하는 상황의 요청 사이에서의 확집確執인 것이다.[*]

---

[*] Beauvoir, op. cit., p34

보부아르에 의하면 인간의 정통적인 존재 방식은 한 가지밖에 없다. 그것은 무한의 미래를 향해 부단히 자기 초월해 나가는 것이다. 초월의 시도를 멈춘 존재는, '사물'의 수준, '노예'의 지위로 타락하게 된다. 그것은 '절대악'이다. 이 초월에의 시도는 여성을 '노예'의 지위에 머물게 하려 하는 남성과의 결정적 대립을 일으킬 수밖에 없게 한다.

한 명의 인간을 그 내재로부터 떼어내서, 그 존재의 진리를 성취하는 것, 그러니까 초월로서, 대상으로부터의 도피로서, 투기로서 성취하는 것을 가능케 하는 것은 다른 인간들의 실존이다. 그러나 나의 자유를 확증하는 타자의 자유는 나의 자유와 확집을 일으킨다. (……)개개의 의식은 자기 한 사람을 군주적 주체로서 자기 긍정하려 하기 때문이다. 개개의 의식은 타자를 노예로 만드는 것을 통해 자기 성취하려 하는 것이다. 그러나 노예는 노동과 공포를 통해 자신 역시 본질적인 존재라는 것을 스스로 경험한다. 그리고 변증법적 전환에 의해, 이번에는 주인이 비본질적인 존재로서 보이기 시작하는 것이다.[*]

---

[*] Ibid, p.188

보부아르는 동성을 향해, 노예이기를 멈추고 노예를 사역하는 입장이 될 것을 권장한다. 이 주인과 노예의 이성異性 간의 투쟁에서 패배한 존재는, 보부아르의 말을 그대로 빌리자면 '높은 지위, 높은 급료, 많은 성공의 기회', '권력, 위신, 이득, 상위 카스트'를 잃게 된다. 그러한 사회적 자산은 그 희소성 때문에 경쟁적으로 쟁탈되기 때문에, 그 경쟁에서 남녀를 불문하고 모든 주체가 몸을 던질 때, 그것은 당연한 결과로서 '약육강식의 생존 싸움'의 양상을 드러내게 된다.

보부아르가 코제브의 헤겔주의와 행보를 같이하는 것은 여기까지이다. 보부아르는 여기에서 멈춘다. 그것은 다음과 같은 근원적인 문제에 보부아르 또한 당연히 봉착하기 때문이다.

자신을 본질적 주체답게 만들려고 '투쟁'하는 것이 대체 그렇게 '좋은 일'인 걸까. '남성이 점유하고 있는 사회적 자산을 여성에게도 배분하라'고 주장하는 것은 당연히 정당한 요구이지만, 그것은 동시에 '인간은 사회적 자산을 이기적으로 서로 빼앗아야 한다'라는 전제에 동의하고 서명하는 게 되는 건 아닐까. '주체적이다'라는 것 속에 '타인을 노예로 할 권리'도 포함되어 있는 것이 이치에 합당한 일일까.

이 도덕률의 어려운 문제 앞에서, 그때까지 쾌도난마처럼 선명하던 보부아르의 필치는 덜컥거리면서 정지한다. 그것은 인간적인 갈등이다. 보부아르는 거기에서 멈추고는, '주체적이라는 것이 타인을 노예로 만들면서까지 성취할 정도로 가치가 있는 일일까'라는 질문에 대해 고민한다. 그것을 나는 높이 평가한다. 사실 보부아르는 말년에 사르트르를 상대로 『제2의 성』의 사상사적 의미를 회고적으로 논하는 중에 그때의 갈등을 이렇게 기술하고 있다.

한편으로 우리는 인간에 의한 인간의 수탈도, 사회적 위계 hierachy도, 특권도 없는 평등주의적 사회를 지향해왔어요. 다른 한편으로 우리는 남성과 동일한 자격, 동일한 채용 조건, 동일한 급여, 동일한 승진 기회, 사회적 위계의 정점에 도달할 동일한 기회를 손에 넣으려 했죠. 여기에 하나의 모순이 있었어요.[*]

전후의 프랑스 사회에서 국립행정학원(ENA)이 여성의 입학을 받아들여 여성 엘리트 관료의 육성이 시작되었을 때, 보부아르는 이것을 어떻게 평가해야 할지 머뭇거렸다. 보부아르가 직면한 것은 온갖 사회개혁 이론이 맞닥뜨리게 되는 아포리아이다.

페미니스트들이 주장하는 것처럼, 가령 우리 사회가 남성

---

[*] Jean-Paul Sartre, Simone de Beauvoir interroge Jean-Paul Sartre, in *Situations I*, Gallimard, 1976, p.127

중심주의적으로 편성되어 있고, 대부분의 사회적 자산은 남성이 독점하고 있다고 하면, 그러한 환경에서 여성이 사회적 승진을 이루고, 높은 지위나 권력이나 위신을 손에 넣는다는 것은 있을 수 없을 것이다. 그것이 실현되어 버린 경우, 가능한 설명한 두 가지밖에 없다.

하나는, 그 사회는 그렇게 성차별적이지는 않고, 공정하게 fair 운영되고 있다는 것이다. 하지만 그렇다고 한다면, 이것은 페미니스트의 앞 단계의 주장과 배치된다. 또 하나는 여성이 현재 지배적인 사회 원리를 내면화하고, 자진해서 '남성화=주인화=군주화'했기 때문에, 일단은 사회적 자산의 배분에 관해서만은 공정성이 부분적으로 달성되었다고 하는 설명이다. 첫 번째 설명은 원리적으로 채용하는 것이 불가능하다. 결국 보부아르는 고민 끝에 두 번째 설명을 채용하게 되는 것이다. 보부아르는 스스로에게 이렇게 질문했다.

여성은 이 남성적 세계를 완전히 폐기해야 하는가? 아니면 거기에서 응분의 지위를 차지해야 하는가? 도구를 훔쳐야 하는가? 아니면 도구를 개량해야 하는가? 내가 도구라고 말하는 것에는 학술이나 언어나 예술도 포함된다. 모든 가치에는 남성성이 각인되어 있다. 그렇다고 해서 그것들 전부를 폐기해야 하는가? 제로에서 시작해 전부 다시 만들어야 하는가?*

확실히 학술도 예술도 정보도, 이 사회에서 '이미 가격표가 붙어 있는 것'의 전부에는 '남성성이 각인되어 있다'**는 것을 보부아르는 인정한다. 그러나 그렇다고 해서 그것을 내던져 버리는 것에는 동의하지 않는다. 탈환하고, 개량하면 되는 것이다. 보부아르가 요구하고 있는 것은, '사회적 자산의 공정한 배분'이고, 사회적 자산 그 자체를 '남성중심주의적'인 쓰레기로서 폐기하는 것이 아니다. 실제로 보부아르 자신도 '남성성이 각인된' 학술적 언어를 사용해서, 멋지게 그 사상적 위업을 달성하지 않았는가.

일단은 이 '남성성이 각인된 사회'에서는 '주인과 노예'의 상극적인 관계가 전개되고 있다는 사실을 인지하는 것, 그와 함께 주인이 되려고 하는 그 제로섬 투쟁을 통해 사회적 자산의 양성 간 '공정한 분배'의 실현을 목표로 하는 것, 그것이 보부아르의 **단기적인** 정치적 목표였다.

보부아르에게 있어서 '단기적'이라는 것은, 여성이 남성적인 가치를 내면화해서, '타자를 노예화하는 것을 통해 자기 성취를 하려 하는' 것은 긴급피난적인 우회에 지나지 않기 때문이다. 그러한 가치관 그 자체가 언젠가는 사라지지 않으면 안 된

---

* Ibid., p.130

** Ibid.

다. 그리고 보부아르는 그런 날이 가까이 오고 있다는 것을 적어도 『제2의 성』의 단계까지는 믿고 있었다. 왜냐하면, **양성간의 차별의 소멸은 그녀와 동반자인 사르트르 사이에서 이미 선구적인 방식으로 실현되었기 때문이다.**

'당신이 단 한 번도 나를 억압한 적이 없다는 것, 나에 대해 한 번도 우위에 서려 한 적이 없었다는 것은 말해두지 않으면 안 돼요'라는 보부아르가 자신을 평가한 말에 대해 사르트르는 자랑스럽게 이렇게 말하고 있다.

나는 자신을 당신보다도 뛰어난 인간이라고도, 당신보다도 더 지성적이라고도, 당신보다 행동적이었다고 생각한 적이 없어요. 우리는 같은 수준에 있었기 때문이에요. 우리는 대등한 존재였어요. (……)우리 사이의 대등성은 두 인간 사이의 사실상의 대등성이 아니라, 양성 간의 근원적인 대등성을 나타내는 것이라고 나는 생각해요.*

실제로 여기에 존재하는 두 사람 사이에 성차별 구조가 선구적으로 해체된 이상, 그것이 사회 전체로 보급되는 것은 '시

---

* Ibid, p.120

간문제'이다. 무엇보다도 사르트르와 보부아르는 그렇게 믿었다. '사회주의 혁명이 필연적으로 여성해방을 가져올 것이다'*라고 하는 두 사람의 예상이 현실의 정치 과정 속에서 파산한 뒤에도, 두 사람은 자신들과 같은 '근원적으로 대등한' 양성 간의 관계가 언젠가는 만인에 의해 표준이 되리라는 점에 관해서는 마지막까지 낙관적이었다.

역사는 그런 면에서 잔혹하다. 실존주의의 지도자 커플이 예상했던 미래에 대한 예측은 대부분 빗나갔다. 사회주의 혁명에 의해 여성의 해방이 실현되리라는 예측은(사회주의 혁명에 의해 반유대주의는 소멸하리라고 본 예측과 같을 정도로 극적으로) 빗나갔다. 사르트르와 보부아르 같은 '근원적으로 대등한 커플'이 다수파가 될 때 우리의 세계는 더 이상 성차별적인 세계가 아닐 것이라고 본 예측도 빗나갔다. 분명히 '대등한 커플'은 많이 존재하지만, 그 대등성이 반드시 파트너의 지성이나 품격에 대해서 각자가 대등한 경의를 보임으로써 달성되는 것은 아니다.

결국, 이때 보부아르가 채택했던 '(1)단기적으로 남성적 가치관을 내면화함으로써 사회적 자산의 쟁탈전에서 살아남는

* Ibid.

다 (2)경쟁에서 승리를 거둔 뒤 남성적 가치관을 폐기한다'고 하는 2단계 전략은 첫 번째 단계만이 실현되었고, 두 번째 단계는 실현되지 않았다.

길게 여기까지 보부아르의 사상을 서술해 온 것은, 80년 전쯤 실존주의적 페미니즘의 단계에서 받아들인 코제브의 '주인과 노예 책략'이 그 이후에도 페미니즘에는 지하수맥처럼 흐르고 있고, 이 독성이 강한 책략의 무해화에 성공한 페미니즘은 현재로서는 없다고 하는 사실을 지적해 놓기 위해서이다. 아울러서, 보부아르의 단계에는 여성에 있어서 언어와 주체의 아포리아는 전경화되지 않았다는 것이다. 이 두 가지 사실이 이 뒤의 페미니즘 언어론의 역사적 의미를 음미할 때 예상치 못한 의미를 지니고 다가오게 된다.

뤼스 이리가라이-'여성으로서 말하는 언어'

여성은 자신을 주어로 하는 언어를 갖고 있지 않다, 그렇기 때문에 여성에게 특화된 새로운 언어가 만들어지지 않으면 안 된다고 하는 이론을 확실히 제시한 것은, 보부아르보다 한 세대 뒤의 프랑스 페미니스트 뤼스 이리가라이이다. 프랑스는 보부아르 뒤로, 이리가라이, 쥘리아 크리스테바, 엘리자베트 바탕테르, 엘렌 시크스 등의 페미니스트 이론가를 배출했는데, 그중에서 언어 문제에 관해 영미권에서도 폭넓게 받아들여진 것이 이리가라이의 이론이었다.

이리가라이에 의하면, 서구의 언어에서 '주어는 항상 남성형으로 쓰여 왔고', '온갖 주체와 온갖 언설의 수호자인 신의 (문법상의) 성은 서구에서는 항상 남성적-부친적'*이었다. 그것은 '언어의 규칙은 교환의 모드나, 이미지나 표상의 체계와 마찬가지로, 남성 주체를 위해 만들어져 있기'**때문이다.

신은 아버지다. 아버지는 자식을 낳기 위해 모성으로 축소된 여성을 사용한다. 이것이 수 세기에 걸쳐 우리 종교와 시민적 전통의 가장 변화된 적이 없는 구조였다. 남성과 남성 사이의, 혹은 남자들 간의 관계…… 여성은 그것의 중개자에 지나지 않는다. 서구의 문화에서 여성은 가정에 머무르도록 놓여지고, 남성들 사이에서 이용되고 교환되는 대상이 된다. 여성은 생식과 생활의 물질적 유지를 위해서만 이용되는 것이다.***

---

* 뤼스 이리가라이, 『성차의 윤리*Éthique de la différence sexuelle*』, 1984
** Luce Irigaray, in *French Philosophers in Conversation*, by Raoul Mortley, Routledge, 1991, p.64
*** Ibid., p.64

남성은 주체＝주어sujet의 자리를 차지하고, 여성은 그 대
상＝목적어objet라고 하는 언어적 위격位格에 결박되어 있다.
그리고 이 주객의 비대칭적 관계는 언어 규칙 속에 등록되어
있다. 따라서 제도적으로 공인된 언어를 사용하는 것은, 남성
이든 여성이든, 가치 중립적인 언명言明을 쓰고 있다고 생각해
도, 매번 남성 지배를 강화하는 것에 가담하는 것이 된다. 이것
은 '언어에 의해 범해진 문화적 부정不正'* 이외에 아무것도 아
니다.

　첫 번째 부정은 명사의 성이다.

　몇 세기에 걸쳐, 가치가 있다고 간주된 것은 남성, 가치가 낮다
고 간주된 것은 여성으로 분류되어 왔다. 예를 들어 태양le soleil
은 남성이고, 달la lune은 여성이다. 태양은 우리 문화에서는 생명
의 근원으로서 간주되어 왔다. 반대로 달은 두 가지 의미를 갖고
있는데 실질적으로는 불길한 것으로 간주되어 왔다.**

　모든 명사에는 '은폐된 성차性差'가 각인되어 있다. 따라서 '컴
퓨터l'ordinateur는 물론 남성이다. 그러나 타이프라이터la machine

---

* Ibid., p.65
** Ibid.

à écrire는 여성이다. 문제가 되고 있는 것은 가치이기 때문에 우월한 것들은 항상 남성이지 않으면 안 된다. 따라서 비행기l'avion는 남성이고, 여성인 자동차la voiture를 내려다보는 것이다.'*

어휘의 레벨뿐 아니라, 통사統辭의 레벨에서도 남성중심주의는 명백하게 발동하고 있다. 글을 쓸 때, 남성은 무의식중에 '주체＝주어'의 지위를 선취하고, 여성은 무의식중에 '대상＝목적어'의 지위를 골라서 취한다. 그렇게 이리가리아는 주장한다.

내가 발견한 성화性化들 가운데 가장 두드러지는 것은, 첫 번째로 여성은 자신을 언명의 주어로서 언급하는 일이 거의 없다는 사실이다. 여성은 주어를 '당신'(대부분의 경우 남성, 드물게는 여성)에게 양보한다. (……)여성은 그가 말하는 언설 속에 사회 질서와 언어적 규범을 내비치고 있다. 여성이 남성 동료와의 관계로서의 사회, 남성이 지배하는 사회 조직, 사회 이념, 혹은 사회 통념을 표명하고 마는 것은, 자신들의 고유의 사회 질서나 언어 질서를 소유하고 있지 않기 때문이다. 여성이 현재의 부권제적인 질

---

* Ibid., p.66

서에 열과 성을 다해 종속해 있는 것은, 여성이 거기에서 벗어나 기 위한 언어적 코드를 결여하고 있기 때문이다.[*]

남성중심주의적 어법에 길들여진 여성은, 주어 = 주체의 지위를 항상 남성인 '당신'에게 양보하고, 자기 자신은 목적 어 = 대상의 지위에 머무른다. 그러한 말들을 반복해서 입에 담는 것에 의해 그녀들은 '여성은 집에 머무르고, 남성들에 의 해 이용되고, 남성 동료들 사이에서의 교환의 대상이 되는'[**] 것 외에는 선택지가 없다고 하는 젠더 규범을 무의식적으로 마음에 새기고 있는 것이다. 바로 그런 이유로 여성이 '주어'로 서 말할 수 있는 언어의 창출이 긴급한 일이라는 것을 설파한 다.

그러면 '여성으로서 말하는 언어'란 어떠한 언어인가. 이리 가라이는 이렇게 썼다.

그녀들은 언설의 전통적 주체(자칭 중성이지만, 실제로는 역사 적으로 보면 남성 주체)에 관한 사정과는 달리 불변의 땅바닥을 필요로 하지 않고, 우주의 n차원을 빠짐없이 뛰어다니며 최대에

---

[*] Ibid., pp.71-72

[**] Ibid., p.64

서 최소로 나아갑니다. 만약 어떠한 인간(남/녀)도 하나의 장, 하나의 장소에 그녀들을 만류해 놓지 않으면, 생성하는 가운데 가장 아이들인 것으로부터 가장 어른인 것으로, 가장 초보적인 것으로부터 가장 신성한 것으로, 그녀들은 질료, 우주를 바꾸지 않고, 순환하고, 움직이는 것입니다.*

시적인 표현이긴 하지만, 이것만으로는 구체적으로 '여성으로서 말하는 언어'가 어떤 것을 가리키는지는 잘 알 수 없다.

이리가라이는 '주체는 항상 남성형으로 쓰여 왔기' 때문에, '인식론적 형식주의, 형식논리학으로 뒷받침된, 또는 그런 것들을 동반한 언어나 여러 언어의 체계는, 그녀들이 언어 안에 거주할 입구를 그녀들로부터 빼앗고, 그 입구를 그녀들에게는 닫아 놓았다'**라고 주장한다.

그렇다고 한다면 '여성적으로 유성화^{有性化}된 어법', '그녀들의 신체로부터 "이륙해" 자신에게 하나의 영토, 환경을 부여하고, 경우에 따라서는 가능한 공유, 통과를 타자에게 촉구하는 것이 가능한 언어'***는 여러 '형식주의'로부터 해방된(아마도, 앞

---

* 뤼스 이리가라이, 『성차의 윤리』
** 같은 책
*** 같은 책

서의 문장처럼 '시적인') 것이 될 것이다.

그러나 여기에서도 우리는 심각한 아포리아와 조우하게 된다.

그것은 이리가라이가 열거하는 것 같은 조건을 갖춘 '여성적으로 유성화된 언어'와 전통적인 '남성중심주의적 언어관'에 있어서 여성에게 배정되어 온 제도적인 '여성어'와는 **어떻게 다른지를 잘 알 수 없다**는 것이다.

예를 들어 이리가라이의 『기본적 정념』은 '여성=어머니가 사랑하는 **당신**에게 끝없이 말을 거는, 주문呪文과도 같은 모놀로그'*의 문체로 말해지고 있다.

> 당신은 나에게 공간을 할당합니다, 나의 공간을, 나에게. 하지만, 이 작업을 위해, 당신은 언제나 이미, 나의 장소의 넓이에서, 나를 떼어내 버립니다. 당신에게 있어 나의 필요성에 합당한 좋은 장소를, 당신은 나에게 할당합니다. 당신은 나를 위해 그 장소를 발견했고, 필요할 때 내 손이 닿을 수 있는 곳에 있겠다고 하고, 나를 거기에 고정시켜 놓았습니다.**

---

* 뤼스 이리가라이, 『기본적 정념 *Passioné lémentaires*』, 1982
** 같은 책

이것은 이리가라이가 실천한 '여성적으로 유성화한 언어'의 하나의 모델이다. 하지만 우리가 한번 읽고서 바로 깨닫는 것은, 이 구절의 주어가 상당히 호기롭게 '남성인 당신'에게 양보되어 있다는 사실이다.

분명히 이리가라이는 '주어를 남성인 "당신"에게 양보해' 글을 쓴다고 하는 언어 운용 그 자체가 남성중심주의적 사회가 여성에게 강제하고 있는 제도적인 어법이고, 그러한 이야기 방식을 무의식적으로 실천함으로써 여성은 남성중심주의적 사회를 승인하고 강화하고 있다고 앞서 주장했다. 이리가라이가 지금 실천해서 보여주는 '남성인 "당신"에게 주어를 양보한' 텍스트 퍼포먼스는 대체로 무엇을 위한 것일까.

아니면 예를 들어 다음과 같은 문장은 어떠한가.

움직이는 것은 나의 주거 방식입니다. 가동성의 안에서밖에 나는 휴식을 취할 수 없습니다. 지붕을 억지로 강요하면, 나는 시들어버립니다.*

여기에는 '당신/나' '지배/피지배' '정주定住/방황', '구속/자

---

* 같은 책

유'……라고 하는 이항대립의 도식이 반복되고 있다. 이것은 언어 선택에서의 차이일 뿐, '진리/오류' '현전/부재' '자기동일성/차이'라고 하는 이항대립 도식과 구조적으로는 같은 것이다.

그런데도 '온갖 이항대립 도식을 만들어내' 그 한쪽에는 가치가 있는 것을, 다른 한쪽에는 가치가 없는 것을 배분하는 것 자체가 '이른바 로고스중심주의로 불리는 전체주의적 원리'라는 것이 앞에서 본 대로 이리가라이의 형식주의 비판의 뼈대였다. 그러한 사고에 비춰볼 때, 앞에서 이리가라이가 열거해 온 이항대립 도식은 어떻게 설명될 수 있을까. 이것이 로고스중심주의의 여성 버전과 다를까.

명사의 성이나 여성적 어법을 분석하는 이리가라이의 논법은 자극적이긴 하지만, 학술적으로는 그다지 설득력이 없다. 물론 여기에서 말하는 '학술적 기준'이라는 것도 남성중심주의적인 이데올로기 장치라는 이유로 물리치는 것도 가능하다. 그렇게 되면, 나와 이리가라이 사이에는, 더 이상 공통의 언어는 하나도 존재하지 않게 된다.

하지만 그때는 학술적 기준을 기각하고, 양성 간의 커뮤니케이션을 단념하면서까지 말할 수밖에 없는, 얼마만큼 중요한 인간적인 예지를 그녀가 간직하고 있는지 나로서는 더 이상 알 수 있는 방법이 없는 것이다.

제 **3** 장

여성과 **언어―쇼샤나 펠먼**

성화된 어법

이리가라이의 지나치게 단순화된 논의에 비하면, 쇼샤나 펠
먼은 같은 문제에 관하여 훨씬 더 용의주도한 시선을 향하고
있다.

펠먼에 의하면, 여성은 텍스트를 읽을 때 '남성으로서' 읽고
있고, 텍스트를 쓸 때는 '남성으로서' 쓰고 있다. 여성인 독자
도 여성인 필자도, 둘 다 '자연적으로는' 존재하지 않는다.

이 논고의 모두에서 나는 펠먼의 이러한 문장을 인용했다.
그것을 다시 한 번 싣는다.

교육을 받은 여성으로서 우리는 모두 무의식중에 '우리 안에 박혀 있는 남성적 정신'에 사로잡혀 있다. 우리는 여성임에도 불구하고, 지극히 간단하게, 게다가 그것을 알아차리지도 못한 채로 문학을 남성으로서 읽을 수 있다. 그것과 마찬가지로 간단히, 우리는 빌려온 목소리를 사용해 '내심을 말하는' 것도 가능하다. 그 목소리를 대체 **누구로부터** 빌려온 것인지조차 알지 못한 채로.

여성이 '교육을 받는다'는 것은, 학문을 지배하고 있는 '남성적 정신male mind'을 알아차리지 못한 채로 중성적 원리로서 받아들여, 그것에 기반하여 사고하는 것이다. 그로 인해, '교육을 받은 여성educated woman'은 텍스트를 읽을 때는 '남성으로서' 읽고, 여성으로서 '내면'을 말하고 있다고 생각할 때에도 역시 '남성으로서' 말하고 있다. 그리고 그러한 사실을 깨닫지 못한다. 이것은 현대 페미니스트 비평 이론의 기본이다. 그러나 잘 읽어 보면, 좀처럼 납득하기 어려운 사고라는 것을 알 수 있다. 그것에 관해 생각해보자.

최초의 난점은 펠먼이 여기에서 '읽는 것'과 '쓰는 것'을 같은 하나의 영위로서 묶었다는 사실이다. 여기에는 약간의 유보가 필요할 것이다. 왜냐하면 '쓸 때'와 '읽을 때'에는 언어의 성화되는 방식에 명백하게 차이가 있기 때문이다.

일본어 화자의 경우 텍스트를 쓸 때 어법이 두드러지는 방식으로 성화되어 있다는 것을 누구라도 안다.

목소리 높여 말할 수는 없지만, 난, 요즘 술이란 게 맛있는 거구나 하고 생각해요. 잠자코 좀 있어, 일단은 위험하니까.*

이 문장은 일본 독자라면 누구라도 그것이 '여고생에게 특화된 어법'으로 쓰여 있다는 것을 알 수 있다.

주사이抽齋의 집에는 식객이 끊이지 않았다. 적을 때는 두세명, 많을 때는 십여 명이었던 듯하다. 대체로 여러 학생諸生 중에서, 뜻이 있고 재능이 있지만 불우한 자들을 골라서, 기식寄食을 허락한 것이리라.**

이러한 문장은 얼핏 보기만 해도 '가부장'적인 언어 주체에의해 쓰였다는 것을 알 수 있다.

남성이라도 하시모토 오사무처럼 쓰면 '여성 필자'로 위장하는 것이 가능하고, 여성이라도 모리 오가이처럼 쓰면 '남성

---

* 하시모토 오사무, 『복숭아 엉덩이 소녀』, 講談社文庫, 1981
** 모리 오가이, 「시부에 주사이澁江抽齋」, 旺文社文庫, 1968

필자'를 위장할 수 있다(실제로는 모리 오가이처럼 쓰는 여성은 극히 적지만).

쓸 때는, 언어 운용이 공공연히 성화된다. 하지만 '읽을' 때는 언어 이해가 어떤 식으로 성화되는지 검토해 보기가 어렵다. 남성 작가가 '여성으로서 쓴' 예는(기노 츠라유키 이래, 다자이 오사무, 우노 코이치로에 이르기까지) 무수히 존재하지만, 그렇게 자유자재로 여성적 에크리튀르를 구사할 수 있는 작가라 해도, 과연 그들이 타인의 텍스트를 읽을 때 '여성으로서 읽는' 것이 가능할지 어떨지 나로서는 알 수가 없다. 타인의 머릿속에서 일어나는 일은 나의 상상의 경계 바깥에 있다

마찬가지로 여성인 필자가 '남성으로서 쓰고, 남성으로서 읽는다'는 것이 어떠한 사태인지를 나는 제대로 상상할 수가 없다. '남성으로서 쓰는 것'에 관해 말하면, 모리 오가이나 나츠메 소세키나 나가이 카후나 이나가키 타루호나 무라카미 류나 야하기 토시히코나 나카지마 라모처럼 쓰는 여성 작가가 존재하는지 나는 모른다. 아마도 '자물쇠'를 걸어서, 그렇게 쓰는 것을 여성 필자에게 금지하는 장치가 어딘가에서 작동하고 있을 것이다. '남성으로서 읽는다'는 것이 어떤 것인지, 실은 이것도(남성인 독자에 관한 경우도 마찬가지로) 나로서는 잘 상상이 가지 않는다. 그러나 나처럼 의문을 느끼고 있는 비평가는 적은 듯하다. 내 좁은 소견이 미치는 범위에서, 일본의 비평가들

가운데 페미니스트 비평 이론의 이 기본적 사고의 의심스러운 부분을 바로잡은 사람이 있다는 것을 나는 들은 바가 없기 때문이다. 힘 앞에는 굴복하자. 나도 선현들의 뒤를 따라, 우선은 이런 사고를 받아들이기로 하자

여성은 남성으로서 쓰고, 남성으로서 읽는다. OK. 그렇다면 그러한 규칙으로 가보자. 하지만, 그래도 의문점은 여러 개나 남는다.

예를 들어, 펠먼은 여기에서 '남성으로서 읽기'처럼 강제되고 있는 것은 '교육을 받은 여성들'이라고 아무렇지도 않게 한정하고 있다. 그렇다면 당연히 의문이 생기는데, 여기에서 언급하는 대상으로부터 배제된 '교육을 받지 않은 여성'에 관해서는 어떨까. 그러한 여성은 '남성으로서 읽기'를 강요받지 않는다고 해석해도 좋을까? '남성으로서 읽는 것을 강요받지 않는다'고 한다면, 대체 '교육을 받지 않은 여성들'은 '누구로서' 읽고 있는 걸까?

'여성으로서'?

설마. 그것은 있을 수 없다. 왜냐하면 '여성으로서 읽는' 방식을 '창출하는' 것이 펠먼의 전략적 과제이기 때문에, '여성으로서 읽는' 인간은 아직 존재하지 않을 것이다. 그렇다면 도대체 '교육을 받지 않은 여성들'은 '젠더적으로는 누구로서' 읽고 있는가.

아무래도, 논의는 꽤 만만치 않아 보인다.

저항하는 독자

'남자로서 읽는다'고 하는 프로세스를 해명하기 위해, 우리는 먼저 '자신 이외의 존재가 되어 읽는다'고 하는 경험이 어떤 것인가부터 생각할 필요가 있을 것이다.

이야기에 몰입해 있을 때, 주인공이 외국인이든, 동물이든, 혹은 다른 별에서 온 생명체이든, 그들이 텍스트의 초점적 인물인 한, 독자는 그것의 퍼스펙티브에 동조하지 않을 수 없다. 이것은 누구라도 동의할 것이다. 여성 독자라도 자신을 남성 주인공과 동일시하고, 남성 독자라 해도 여성 주인공과 자신을 동일시한다.

예를 들어 내가 『키다리 아저씨』나 『작은 아씨들』, 『빨강머리 앤』을 읽고 있을 때, '누구의 시점으로' 읽고 있는지 질문을 받는다면 물론 제루샤나 조나 앤과 동일시해서 읽고 있다고 대답할 것이다(내가 남자이기 때문에 이런 이야기들을 읽으면서 저비스나 로리나 길버트의 입장에 공감하면서 읽고 있을 것이라고 추론하는 것은 틀렸다. 멋대로 그렇게 추론하는 것은 상관없지만 그것은 사실이 아니다). 실생활에서는 속이 시커먼 초로의 남자이지만, 읽을 때의 나는 19세기 북미 동해안에 사는 소녀들의 사소한 모험에 함께 가슴을 두근거리고, 함께 상처받고, 감동을 함께하고 있다.

마찬가지로 『위대한 개츠비』나 레이먼드 챈들러의 『긴 이별 *Long Goodbye*』을 탐독하고 있을 때, 여성 독자의 대다수 역시, 남성 주인공들의 거칠면서 부드러운 심성과 동일시할 것이다 (여성 독자라 해서 반드시 데이지 페이나 실비아 레녹스에게 공감하면서 읽지는 않으리라 생각한다. 여성 독자가 아니므로 상상이지만).

미국 영화 〈진주만〉을 보는 나는 주인공이 제로센零戰 전투기와 공중전을 벌일 때, 오로지 미국인 비행사의 승리를 바란다. 홍콩 영화 〈정무문〉을 볼 때는 극악무도한 일본인 무도가를 패죽이는 이소룡의 활약에 뜨거운 박수를 보낸다. 그것은 딱히 내가 과거의 일본의 전쟁 행위나 식민지주의적 행위를 부끄러워해서가 아니다. 반대로, 미국의 관객은 존 포드의 〈역마차Stagecoach〉에서 기병대가 인디언을 쏴 죽이는 장면에서 기병대에게 박수를 보내고, 〈늑대와 춤을〉에서 수 족의 병사가 기병대를 죽이는 장면에서는 인디언에게 박수를 보낸다. 딱히 아메리카 선주민에 대한 속죄 의식이 1990년대가 되어 미국 국민들에게 침투했기 때문이 아니다.

이야기를 읽는다는 것은, 그런 식으로 '현실의 나'로부터 손쉽게 이탈하는 경험이다. 따라서 이야기 안으로 몰입되어 있을 때, 가령 독자가 동일시하고 있는 등장인물이 '현실의 나'에게는 소원한 존재, 적대적인 존재일 때조차, 그러한 '현실'은 이야기를 읽어 나가는 자의 의식에는 전경화前景化되지 않는 것이다.

같은 일이 '텍스트를 읽는' 모든 경험들 속에서도 일어난다.

우리가 현실의 '나'로 있는 채로는 이야기 안으로 발을 들여놓을 수가 없다. 오히려 이야기를 읽는 것의 가장 큰 기쁨은, 우리가 '그것을 알아차리지도 못한 채로' 나 자신이기를 멈추고, 등장인물에게 빙의되어 버리는 것에 의해서 온다.

초로의 남성인 내가 그럼에도 불구하고 『키다리 아저씨』를 읽어 나가고 제루샤가 되어 저비스와 주고받는 감정과 대화에 가슴을 두근거릴 수 있는 것은, 읽어 나가는 내가 소녀라는 것의 기쁨을 **신체적**으로 실감하고 있기 때문이다. 텍스트를 읽는다는 것은, 위법적이라고 할 정도로 상상적이면서도, 생생한 신체적 경험이다.

우리는 이야기를 읽을 때, 세부 묘사 하나하나를 나 자신의 가치 판단이나 사회적 입장에 비추어서 '이것은 받아들일 수 있지만, 이것은 받아들일 수 없어'라는 식으로 선별하지 않는다. 그런 귀찮은 일을 우리는 하지 않는다. 읽는다는 것은, 그러한 중추적 통제가 작동하는 활동이 아니라, 좀 더 자유롭고, 좀 더 엉망진창인 행위이기 때문이다.

우리는 자기 자신을 잊고 이야기 속으로 빠져, 문장의 리듬에 맞추어 호흡하고, 등장인물과 함께 고통과 쾌락을 맛보고, 질문에 답하고, 수수께끼를 풀고, 그렇게 해서 몸소 이야기에 깊이와 리얼리티를 부여해 나간다. 읽는다는 것은 그러한 독자 측으로부터의 주체적인 개입 없이는 성립할 수 없는 행위인 것이다.

그런데 페미니스트 비평가인 주디스 페털리는 이러한 '몰입적'인 읽기 방식을 금한다.

그것은 텍스트에 복류伏流하는 이데올로기성에 대해 너무나도 무방비한 읽기 방식이기 때문이다. 텍스트는 '계속해서 저항하면서' 읽지 않으면 안 된다고 그녀는 말한다.

페털리에 의하면 미국 문학은 '남성의 문학'이다. 그렇다고 한다면 무방비한 방식으로 '미국 문학의 고전이라고 오늘날 생각되는 작품들을 읽는 것'은 '자신이 남성이라고 인식하는 것'*에 다름 아니다. 여성인 독자는 그러한 읽기 방식을 해서는 안 된다. 여성 독자는 '저항하는 독자resisting reader'가 되지 않으면 안 된다. 페털리는 그러한 독해 전략을 다음과 같이 설명하고 있다.

---

* 주디스 페털리, 『저항하는 독자 – 페미니스트가 읽는 미국 문학The Resisting Reader: A Feminist Approach to American Fiction』

지적으로는 남성이고, 성적으로는 여성─이런 식으로 남성화되어 버린 여성은, 실제로는 이미 그 어느 곳의 어떠한 존재도 아니다.

그 때문에 페미니스트 비평가가 맨 처음 해야 할 일은, 동의하는 독자가 되기보다는 오히려 저항하는 독자가 되는 것이고, 동의를 거부하는 것으로써, 우리는 이식되어 있는 남성의 마음이라는 악마 내쫓기부터 시작하지 않으면 안 된다.[*]

미국 문학은 남성의 문학이고, 미국 문학의 정전은 전부 독자에게 '자신이 남자라고 인식할 것'을 강요한다. 미국 문학에 있어서 '미국인이라고 하는 경험'은 곧바로 '남자라고 하는 경험과 동일시되어 있다'.[**]

미국인이라는 것은 남성이라는 것을 의미한다. 그리고 가장 중요한 미국적 경험은 여성에게 배신당하는 것이다.[***]

미국의 고전문학을 읽는다는 것은, 페털리에 의하면, 자신을

---

[*] 같은 책

[**] 같은 책

[***] 같은 책

미국 남성과 동일시하고, 여자를 욕망하고, 여성에 의해 자기
실현을 방해받고, 여성에 의해 둘도 없이 소중한 것이 파괴되
고, 여성에 의해 배신당하고, 결국에는 여성을 증오하고, 배제
하고, 죽여 버리는 남성 주인공의 시점에 동조하는 것이다. 왜
냐하면 미국의 모든 고전적 연애소설의 밑바닥에 흐르고 있는
것은, '유일하게 괜찮은 여성은 죽은 여성'*이라고 하는 원칙
이기 때문이다.

여성 독자가 무방비한 상태로 미국 문학을 읽는 경우, '여성
독자는 명백히 그녀들이 배척되는 경험에 참가하는 셈이 된
다. 여성 독자는, 자신의 의지에 반해 정의된 자아에 동일시되
도록, 자신의 의지에 반하는 자아 인식을 하도록 요구받고 있
다.'**

페털리의 이러한 주장이 만약 사실이라고 한다면, 미국 문
학을 읽는 것은 틀림없이 미국 여성을 생존 전략상 불리한 입
장으로 내몰게 될 것이다. 그런 까닭에, 페털리는 여성 독자가
읽는 것을 통해서 '자신의 의지에 반해 정의된 자아에 동일시
되도록, 자신의 의지에 반해 자아 인식을 하도록 요구받는' 것
으로부터 벗어나는 방법으로써, 텍스트에 '저항하는 읽기'를

---

* 같은 책
** 같은 책

여성 독자에게 권장하고 있는 것이다.

'저항하는 읽기'란 텍스트의 한 줄 한 줄에 비판적인 시선을 보내고, 행간에 숨겨진 이데올로기의 흔적을 검토하면서 읽어 나가는 것이다. 모든 미국 문학의 고전 텍스트는 독자에게 '여성의 배제'에 동의하도록 암묵리에 요구하면서 다가온다. 따라서 여성 독자는 결코 이러한 유도에 굴복해서는 안 된다. 끝없이 경계심을 일깨우고, 지뢰밭을 포복으로 전진하는 공병처럼, 여성 독자를 '남성화'시키려고 하는 이데올로기 장치를 해제하면서 읽어 나가지 않으면 안 된다. '저항하는 독자'는 결코 이야기에 몰입하지 않는다.

예를 들어 페털리는 『위대한 개츠비』를 오로지 여성에 대한 적의만을 말하는 소설로서 읽는다.

> 『위대한 개츠비』는 여성에 대한 적의와, 그것에 반드시 따라붙는 전략, 여성을 희생양으로 만드는 전략을 중심으로 한 또 하나의 미국적 '사랑' 이야기이다.[*]

페털리의 독해에 따르면, 제이 개츠비는 데이지라는 소녀를

---

[*] 같은 책

사랑했던 것이 아니라, 단순히 그녀의 사회적 지위나 미모를, 일종의 '성공의 기호'로 간주해, 그것을 손에 넣는 것에 상징적인 의미를 추구한 것에 지나지 않는다. 그 증거로 개츠비와 데이지 사이에는 진실로 마음을 주고받는 대화가 하나도 없다.

　　둘 사이에는 묘사해야 할 정서적 연결 따위는 없다. 있는 것은 개츠비와 그녀의 '말로는 표현할 수 없을 정도의 몽상'과의 정서적 연결뿐이다. 데이지는 그 몽상 속에서 의식되지 않은 상징에 지나지 않는다.*

　　이것은 페털리에 의한 '저항하는 읽기'의 한 예이고, 이 예로부터 일반적인 결론을 이끌어내는 것은 자제하지 않으면 안되지만, 그럼에도 이미 '저항하는 읽기'의 곤란함이 여기에서 드러나고 있는 것으로 보인다.

　　그것은 페털리의 분류로는 남성중심주의적인 필자인 피츠제럴드에게 '동의하는 독자'일 내가 읽어도 『위대한 개츠비』라는 작품은 '그런 이야기'로 읽을 수 있기 때문이다.

　　＊ 같은 책

데이지의 실체를 보지 않고, 그 기호적인 의미에만 사로잡힌 탓으로, 결국 그녀와 만나지 못하고 오히려 모든 것을 잃고 몰락한 남자의 이야기. 나는 고등학생 무렵부터 『위대한 개츠비』를 **그런 이야기**라고 생각하고 읽어 왔다.

페털리는 『위대한 개츠비』에서 보이는 여성 혐오의 징후를 여러 개 열거하고 있지만, 그녀가 그렇게 할 수 있는 것은 피츠제럴드 자신이 그것을 정성 들여 작품 속에 적어 넣었기 때문이다. 작가가 의도적으로 적어 넣은 메시지를 읽어내는 것을 어떻게 '저항하는 읽기'로 부를 수 있는지, 그 점이 나로서는 다소 이해가 가지 않는다.

예를 들어 페털리는 어떤 형용사의 사용 방식에 구애되어, 이렇게 썼다.

개츠비의 데이지에 대한 상상적 카섹시스*는, 그녀에 관해 '자신이 알았던 최초의 "세련된" 소녀다'라고 말하고 있는 점에서 명백하다. '세련된'에 붙은 인용부호는 그 말이 인격에 대한 언급이 아니라, 사회적 지위의 지표로서 사용되고 있다는 사실을 보여주

---

* cathexis. 정신분석 용어로 독어로는 Besetzung. 리비도 또는 욕구를 일으키게 하는 정신적 에너지가 특정 대상이나 관념에 투입되어 있는 상태를 가리킨다. -옮긴이

고 있다. 제이 개츠비의 데이지 페이에 대한 관심은 그녀의 됨됨이보다는 오히려 그녀가 대표하여 표상하고 있는 것에 있다는 것을 보여주고 있다.[*]

페털리는 이것을 여성의 '성격이라든가 정신의 상태에는 관심이 없고', '정신보다는 오히려 (……) 외모에 끌리는'[**] 미국 남성의 본질이 뜻밖에도 폭로된 대목이라고 보고 있다. 하지만 정말로 그럴까. '세련되었다'라는 형용사에 인용부호를 붙인 것은 **피츠제럴드 자신**이다. 그 말이 통상의 의미가 아니라, 특수한 함의를 갖고 있다는 것을 독자에게 '눈짓'을 해준 것은 작가 자신이다. 그 목적은 페털리가 읽은 대로, 그 형용사가 '인격에 대한 언급이 아니라, 사회적 지위의 지표로서 사용되고 있다는 것'을 독자에게 알아차리라고 알려주기 위해서이다. 어떤 형용사를 작가가 거기에 집어넣은 함의를 통해 해석하는 것을 어떻게 '저항하는 읽기'라고 할 수 있는지 나로서는 그 점이 이해하기 어렵다.

그런 예는 그 외에도 많다.

데이지와의 해후를 이룬 뒤에, 그때까지 개츠비가 밤마다

---

[*] 같은 책
[**] 같은 책

바라보고, 그의 삶의 거의 유일한 보람이었던 그녀의 집 잔교의 돌출부에 있던 녹색의 등불이 '다시 한 번 잔교 위의 단순한 녹색 등불'이 되고, '개츠비에게 마력을 지니고 있던 것의 숫자가 하나 줄었게'*고 써서, 개츠비의 욕망의 구조를 차갑게 해설해 보여준 것은 작가 자신이다.

욕망의 달성 그 자체보다도, 욕망 달성 한 걸음 앞에서의 불충족감 속에서 쾌감을 느끼는 도착倒錯을 안고 있는 인간은 어떤 식으로 그 대가를 치르는가. 피츠제럴드는 그것을 생생하게 적었다. 그 욕망의 역학에 대한 투철한 시선 때문에 『위대한 개츠비』는 세계문학으로서 계속해서 읽히고 있다. 거기에 범람하는 '여성 혐오'를 남성 독자가 즐기기 위해서 『위대한 개츠비』가 애독되고 있다는 해석은 나에게는 거의 설득력을 갖지 못한다.

물론, 나의 이런 지적에 대해, '그것은 당신의 개인적인 독해에 지나지 않는다. 당신이 "동의하는 독자"를 대표하고 있지 않은 이상, 당신의 독해가 부분적으로 "저항하는 읽기"와 중복된다 해도, 그것은 "동의하는 읽기"를 면책하는 근거가 될 수는 없다'라는 반론이 있을 수도 있다.

---

* Scott Fitzgerald, *The Great Gatsby*, Penguin Books, 1994, p.100

하지만 그 반론은 오히려 '저항하는 읽기' 이론의 지반을 붕괴시킨다고 하지 않을 수 없다. 왜냐하면, 그것은 어떠한 읽기가 '동의하는 읽기'이고 어떤 읽기가 '저항하는 읽기'인가를 일원적으로 결정할 수 있는 인간이 **실제로는 어디에도 없다**는 것을 고백하고 있기 때문이다.

'동의한다'든가 '저항한다'든가 하는 것은, '동의된다'거나 '저항받는다'거나 하는 것이 확정되지 않은 이상, 말로서 성립하지 않는다('원안'을 제시하지 않는 한, 그것에 찬성도 반대도 할 수 없는 것과 마찬가지다).

그러면, '저항하는 읽기'는 '무엇에' 저항하고 있는가? '작가가 말하는 싶은 것'에 대해서일까? 그것은 있을 수 없다. '작가가 말하고 싶은 것'을 확정하는 것은 누구도 할 수 없는 일이기 때문이다.

작가는 자신이 무엇을 말하려고 하는지를 알지 못한다. 이것은 현대 비평 이론의 기본 중의 기본이다. 『위대한 개츠비』가 '무엇을 말하고 싶어 하는' 소설인가에 대해서 결정적인 말을 할 수 있는 사람은 이 세상 어디에도 존재하지 않는다. 페털리도 나도 피츠제럴드 자신도 그것을 결정할 권리를 갖고 있지 않다.

그렇다면, '저항'은 '작가가 **딱히 인지하지 못하고서** 말하려고 하는 것'을 향하고 있는 것일까?

유감스럽지만, 그것도 있을 수 없다. 작가가 '딱히 인지하지 못하고서 말해 버린' 무수한 언어에 의해 텍스트는 구성되어 있지만, 그중에서 어느 것이 '딱히 인지하지 못하고서 말하려고 하는 것'이고 어느 것이 '의도적으로 말한 것'인지를 특정할 권리도 역시 누구에게도 속해 있지 않기 때문이다.

페털리는 '접속사의 사용 방식에 대한 저항'이나 '구두점의 사용 방식에 대한 저항'이나 '파열음이 많은 것에 대한 저항'을 '저항하는 읽기'에는 아마도 계산에 넣지 않았을 것이다(그런 수준에서 '여성 혐오'의 징후를 발견하는 것은 어렵기 때문이다). 그러나 정말로 '저항하는 읽기'라는 것이 있을 수 있다고 한다면, 그것은 텍스트의 어느 수준을 조준해도 상관없을 것이다.

텍스트를 읽고 있을 때 '저항'이 작동한다는 것은 사실이다. 그리고, 자신이 어떤 대목에 '걸렸는지' 신경이 쓰여, 다시 한 번 그 대목을 읽어 보고 탐구를 해나가는 것은 자극적이면서 생산적인 독해 방식이라고 나는 생각한다(실제로 나는 그런 식으로 텍스트를 읽고 있다).

하지만, 처음부터 '검색 항목'을 정해놓고 텍스트를 읽어 나가는 것은 '읽는다'라기보다는 '검열한다'는 것에 가깝지 않을까. 페털리가 말하는 '저항하는 읽기'는 '남성중심주의적 이데올로기'라고 하는 항목을 미리 '검색어'에 등록시켜 놓고, 그 검색에 걸리는 대목 하나하나를 체크해 나간다고 하는 독해 방식이다. 그렇게 하면 '저항하는 읽기'라고 하기보다는 '감축減縮하는 읽기'라는 것에 가깝다.

 텍스트를 읽는 일에서 무한의 가치와 기쁨을 이끌어내는 것을 금지하고, 텍스트가 얼마나 무가치하고, 그것을 즐기는 것이 얼마나 부도덕한 일인가를 논증하는 것에 열중하는 독해 방식, 나는 거기에서 중세의 '이단 심문관'적인 심성을 느낀다.

 작가는 실로 다양한 인간을 조형한다. 하지만, 새삼스럽게 말할 것도 없이, 작가들은 그러한 인물들을 모델로 해서 인격 형성을 하라고 독자들에게 요구하기 위해 그렇게 하는 것이 아니다. 니콜라이 스타브로긴이나 테리 레녹스는, 남성이든 여성이든, 누군가를 위한 자기 조형, 자기 인식의 모델로서 그려지지 않았다. 그럼에도 작가는 열의를 담아 이러한 등장인물을 묘사하고, 우리는 그 허구의 인물에게 깊이 빠져들어, 그들이 보는 것을 보고, 그들이 접한 것들을 접한다. 그리고 자신이 고유의 신체를 지닌 한, 결코 맨몸으로는 경험할 수 없는 것을, 그들을 통해서 이야기적으로 경험하는 것에서 어느 정도의 유열愉悅과 어느 정도의 지식과 견문을 이끌어내는 것이다. 그것은 등장인물의 삶의 방식이나 사고방식에 '동의한다'라는 것과는 전혀 다르다.

 읽는다는 것은 그러한 탈자아적=신체적인 경험이다. 나는 그렇게 생각하고 있다.

그러나 페털리 식의 '저항하는 독자'가 되려고 한다면, 독자는 텍스트의 등장인물에게 감정이입하고 싶다는 욕망을 억누르고, 항상 자기 자신으로 계속해서 있지 않으면 안 되고, 항상 자신 고유의 신체와 역사적 조건을 밟고 있지 않으면 안 된다. 하지만 **읽는다는 것에서 어떠한 영향도 받지 않기 위해 책을 읽는다**고 하는 행위에서 독자가 어떤 지식과 견문이나 쾌락을 얻을수 있는지 나로서는 좀처럼 상상이 되지 않는다.

간청하는 읽기

비평적인 읽기, 혹은 '저항하는 읽기'는 특별히 특권적인 읽기가 될 수 없다. 그것 역시 또 하나의 선택적 읽기 방식이라는것은 다르지 않다. 그것을 선택한 독자는, 그것과는 다른 방식으로 읽는 것이 불가능하고, 그것과는 다른 읽기 방식으로 읽는 독자가 같은 텍스트에서 실제로 독해해 내는 것을 직접 알수도 없다.

그런 의미에서 '동의하는 독자'도 '저항하는 독자'도, 텍스트와의 상호 간섭 안에 말려들어, 일회—回적이고 유니크한 독자로서 형성되어, 그 사람 외의 누구도 읽을 수 없는 독창적인 의미를 주체적으로 읽어낸다고 하는 점에 있어서는 본질적으로

등격等格이라고 나는 생각하고 있다.

어떠한 읽기의 마음가짐을 선택해도, 텍스트를 읽는 존재는 자신의 신체를 텍스트에 구겨넣듯이 해서, 주체적, 능동적으로 '자신에게 고유한' 의미를 읽어내는 수밖에 없다. 한 사람의 독자에게는 한 번에 오직 하나의 독해 방식밖에는 허락되지 않는다. 동시에 복수複數의 독자가 되어 텍스트를 읽는다거나, 하나의 구절에서 동시에 복수의 수준의 의미를 길어올린다거나 하는 재주 넘치는 곡예는 인간으로서는 불가능하다. 등장인물에 공감하고 있을 때는, 그 언어와 행동의 이데올로기성은 알고 있어도 주제화되지 않는다. 그것은 게슈탈트 심리학 실험에서 '서로 마주보고 있는 두 여성의 흰 옆모습'과 '검은 꽃병'을 동시에 볼 수 없는 것과 비슷하다. 인간은 동시에 두 개의 시좌視座에 설 수 없다.

애초에 페털리가 물리친 '동의하는 독자'라 해도, 거기에 속하는 전원이 같은 방식으로 텍스트를 읽는다는 것은 있을 수 없다. 모든 독자는 각자 고유의 방식으로 이야기와 연관을 맺고, 그 몰입의 방식은 독자 한 사람마다 모두 다르다. 젠더는 물론 그 '몰입의 방식'을 규정하는 커다란 팩터의 하나이지만, 그 밖에도, 독자의 계급, 국적, 인종, 종교, 가정환경, 독서 이력, 신체 능력, 성적 기벽嗜癖…… 등등 무수한 팩터가 독자의 '읽는 방식'에 관여한다(펠먼 자신은 '교육을 받았다'는 것과 '교육을 받지 않았다'는 것이 텍스트의 독해 방식에 크게 관여한다고 쓰고 있다).

오히려 우리가 여기에서 중시하지 않으면 안 되는 것은, 텍스트에서 하나의 유니크하고 독창적인 의미를 읽어냄으로써, 독자 자신은 이른바 사후적으로 '나'가 누구인지를 안다는 것이다. 이것은 현대의 독자론 중에서는 아마도 가장 생산적인 통찰이라고 나는 생각한다.

우리는 어떤 텍스트에서 '무엇을 읽어낼 것인가'에 의해서, 자신이 어떤 존재인가를 안다.

모리스 블랑쇼는 일찍이 작가에 관하여 다음과 같이 썼다.

작가가 자신이 누구인지를 알고, 자기를 실현하는 것은, 그 작품을 통해서이다. 작품 이전에는, 그는 자신이 누구인지를 모를뿐더러, 그는 아직 아무런 존재도 아니다. 작가는 작품을 써나가면서 존재하기 시작하는 것이다.[*]

'작가'를 '독자'로, '작품'을 '읽기'로 고쳐 쓰면, 이것은 그대로 독자론으로서 성립한다. 이 문장은 이렇게 다시 쓸 수 있다.

---

[*] Maurice Blanchot, La Littérature et le droti à la mort, in *La Part du Feu*, Gallimard, 1949, p.296

독자가 자신이 누구인지를 알고, 자기를 실현하는 것은, 그 읽기를 통해서이다. 읽기 이전에는, 그는 자신이 누구인지를 모를뿐더러, 그는 아직 아무런 존재도 아니다. 독자는 작품을 읽어나가면서 존재하기 시작하는 것이다.

에마뉘엘 레비나스는 이러한 생성적 읽기의 이론을 펼친 대표적인 철학자의 한 사람이다. 레비나스는 이러한 읽기의 생성적 계기를 '간청/유혹sollicitation'이라고 명명했다. '간청'이란 텍스트로부터 의미를 읽어내는 '독자의 주체적 개입'을 말한다.

해석은 본질적으로 간청을 포함하고 있다. 이 간청 없이는 언명言明의 조화texture 안에 내재하는 '말해질 수 없는 것non-dit'은 텍스트의 무게 아래 숨이 끊어지고, 문자 속에 매몰되고 말 것이다. 간청은 개인으로부터 발신된다. 눈을 크게 뜨고, 귀를 기울이고, 해석해야 할 구절을 포함한 문서 전체에 주의를 기울여, 인생에, 도시에, 거리에, 다른 사람들에게도, 마찬가지로 열려 있는 개인으로부터. 간청은 그 대체할 수 없음을 통해, 매번 대체 불능의 의미를 기호로부터 벗겨낼 수 있는 개인으로부터 나온다.*

레비나스에 의하면, 읽는다는 것은, 비인칭적이고 예지睿知

적인 눈길을 통해 이루어지는 것이 아니다. 독자는 각자의 구체적 생활의 유일무이성으로 인해, 다른 누구의 독해 방식을 가지고도 대체하기 어려운 유니크한 독해를 한다. 그러한 독자에 대해서만, 텍스트는 그 사람 이외의 다른 누구에 의해서도 읽어내어진 적이 없는 유일무이한 의미를 선물하는 것이다.

독자의 '유니크한 독해'를 가능하게 하는 것은, 그가 애초부터 '유니크한 존재'였기 때문이 아니다. 그런 게 아니라, 독자가 어떤 텍스트에서 읽어내는 의미가, 다른 독자가 같은 텍스트로부터 읽어내는 의미와는 '다르다'라는 사실이, 그 독자의 '유니크함'을 기초 짓는 것이다.

앞의 인용에서 레비나스는, 독자는 '인생에, 도시에, 거리에, 다른 사람들에게도, 똑같이 열려 있다'고 정의하고 있다. 독자는 '도시, 거리, 다른 사람들'에 의해 '애초부터 유니크한 존재'로서 형성된 생생한 인간인 것이 아니다. 독자는 텍스트와 인생에 '똑같이 열려 있다'. 텍스트의 의미는 인생 경험에 의해 비춰지고, 인생의 의미는 텍스트가 열어내 보인다. 인생과 읽기는 상호적인interactive 관계에 있다. 텍스트를 읽는 것으로 인간의 삶의 방식은 바뀌고, 삶의 방식에 의해 텍스트로부터

---

* Emmanuel Lévinas, L'Au-dela du verset, *Lectures et discours talmudiques*, Minuit, 1982, p.136

읽어내는 의미가 달라진다. 독자가 읽어내는 '의미'는 텍스트에도 속하지 않고, 독자에게도 속하지 않는다. 이 양방향적인, 끝이 없는 '얽힘'의 운동성 안에서만 '읽기'는 서식할 수 있다.

'간청'이란 텍스트로부터 의미를 읽어내는 '독자의 주체적 개입'을 말한다. 엄밀히 말하면, 텍스트에서 의미를 읽어내는 존재로서의 자기를 의식하는 존재가 '주체'라고 불릴 수 있다. 읽기에 앞서서 '주체'가 존재하는 것이 아니다. 독자의 주체성 혹은 '아이덴티티'는 텍스트를 읽어 나가면서 형성되는 것이다. '주체는, 세계 안에 속하는 것이 아니다. 그것은, 세계의 경계이다'*라는 비트겐슈타인의 말은, 필시 이러한 상황을 말하고 있다. 주체란 처음부터 자존自存하는 것이 아니라, 바로 임계臨界 체험이 가져다주는 '경계' 감각의 효과이다.

우리는 유한한 삶을 살고 있다. '죽음 너머'는 우리에게는 알려져 있지 않다. 하지만 가령 내가 영원불사의 생명을 얻었다고 해도, 그것에 의해 '죽음 너머'가 밝혀지게 되는 것은 아니다. 왜냐하면 나의 생명이 1초 길어질 때마다 '죽음 너머'는 정확히 그만큼 나로부터 멀어지는 것뿐이다. 불사의 생명으로 인해, 나에게 있어 죽음이란 점점 더 파악하기 어려운 '수수께끼'

---

* 루트비히 비트겐슈타인, 『논리철학논고』

가 된다.

'나는 있다'라고 말할 때의 '나'도 '있다'도, '나의 외부'나 '존재 너머'는 '여기에 있는 나'에 의해서는 절대적으로 알려지지 않는다고 하는 '경계선의 효과'이다. 주체라는 것은, 그러한 무정형amorphous의 운동이고, '매번 형성되어 나가는 존재'이다.

열중해서 책을 끝까지 읽은 뒤, 사이를 두지 않고, 바로 다시 한 번 처음부터 다시 읽는 경우가 가끔 있다. 이 두 번째 독서를 할 때, 우리는 첫 번째 독서에서 놓쳐 읽은 의미를 발견하는 일이 일어난다.

어떻게 그런 일이 일어나는가. 그것은 첫 번째 독서 경험을 통해서, '첫 번째에는 놓친 의미'를 두 번째 읽을 때는 읽어낼 수 있는 '문해력literacy'을 우리가 몸에 지녔기 때문이다. 이때 우리를 '읽는 주체'로 형성形成시킨 것은 텍스트 그 자체이고, 텍스트 외의 어느 것도 아니다. 성별도, 계급도, 신앙도, 국적도, 그 밖의 어떠한 '텍스트 외적 경험'도, 두 번째로 책을 읽을 때에 확인된 이 '리터러시'의 발생에 관여하지 않는다.

이것은 '책을 읽으면서, 글자를 익힌다'라는 경험과 유비적이다.

나는 어렸을 때 '切て'*라는 글자를 어떻게 읽는지 몰랐다. 모른 채로 방치해 두었다. 그리고, 어느 날, 지금까지 읽어온

모든 문맥에 합치되는 이 글자를 읽는 방식은 '사테'밖에는 없다는 사실을 문득 깨달았다. 이 글자를 읽는 방식을 가르쳐준 것은, 학교도 아니고, 사전도 아니고, 가족 중 누구도 아니다. 텍스트 그 자체인 것이다.

텍스트를 읽는다는 것은, 여기에 '읽을 수 있는 주체'가 있고, 저쪽에 '읽혀지는 텍스트'가 있다는 식의 정지靜止적 관계가 아니다. 그런 것이 아니라, 주체는 텍스트로부터 텍스트의 독해 방식을 배우고, 텍스트는 주체의 '간청'에 의해 그때까지 누구에게도 열어 보이지 않았던 의미의 상相을 알려준다고 하는 양방향적인 생성적 경험이다. 독자는 텍스트와의 '얽힘'의 구조에 말려들어 있다. 텍스트 없이 독자는 없고, 독자 없이는 텍스트도 없다.

언어적 커뮤니케이션에 있어서, '나'와 '당신'은 서로를 전제로 하지 않으면 존재할 수 없다. 마찬가지로, '화자'와 '청자'(혹은 '독자')를 갖지 않은 이야기는 존재하지 않는다.**

---

* 일본어 독음은 사테. '막상, 그런데, 그리고' 등 가벼운 접속사, 부사, 간투사 등으로 쓰이는 말로 한자는 일본에서 조어한 것이다. – 옮긴이

** Roland Barthes, Introduction à l'analyse structurale des récits, in *Œuvres complètes*, Tome Ⅱ, Seuil, 1994, p.94

이렇게 쓴 사람은 롤랑 바르트이다. '읽는다'는 것은 무엇보다도 우선 이 '얽힘'의 경험이다. 페미니스트적인 '저항하는 독자'도 역시, '눈을 크게 뜨고, 귀를 기울이고, 인생에 마찬가지로 열려 있는' 것에 의해, 텍스트의 새로운 면모는 개시開示되고, 텍스트에 내재하는 '말해질 수 없는 것'을, 완전히 유니크하고 독창적인 방식으로 언어화해 보여주려 하는 야심에 있어서 간청하는 독자의 한 사람이라는 점에서는 다르지 않다고 나는 생각한다.

그러나 페미니즘 비평 이론은 이 '간청하는 읽기'라고 하는 개념을 결코 받아들이지 않을 것이다. 그것은 '간청'이라는 개념을 받아들이게 되면, 페미니즘 비평 이론은 그것의 근거를 대부분 잃고 말게 되기 때문이다.

독자가 텍스트에 대한 '간청'을 통해, 텍스트로부터 '다른 사람으로는 대체 불가능한, 그 사람만이 열어 보이는 의미'를 읽어 나가는 것이라고 한다면, 페미니즘적인 '저항하는 독자'는 다른 독자들과 동등한 권리를 지닌 독자에 머물게 돼, '그 외의 독해 방식'을 비판하고, 사정查定하고, 평가할 권리를 잃게 되기 때문이다.

같은 텍스트에서 남성 독자는 남성적인 의미를 읽어내고, 페미니스트는 페미니즘적인 의미를 읽어낸다. 교육받은 여성은 교육받은 여성 나름의 의미를, 교육을 받지 않은 여성은 교육을 받지 않은 여성 나름의 의미를, 각각 읽어 나간다. 읽기는 독자의 숫자만큼 있는데(그렇게 나는 생각한다), 페미니스트는 이것을 인정하지 않는다. 인정할 수가 없는 것이다.

왜냐하면 부권제 사회에 있어서, 모든 독자는 남성중심주의적인 의미만을 읽어내도록 제도적으로 강요되고 있고, 독자 개인에게 '읽기의 자유'는 주어지지 않으므로, '읽기의 자유'는 쟁취하지 않으면 안 된다는 것이 페미니즘 언어론의 기간基幹을 이루는 주장이기 때문이다.

읽기의 가능성은 현재는 지배적인 이데올로기에 순종적인 '동의하는 읽기' 오직 그것 하나에 한정되어 있다. 바로 그렇기 때문에, 읽기의 가능성을 결정적인 방법으로 해방하는 '저항하는 읽기'가 이루어지지 않으면 안 되는 것이다.

이 이로理路를 고집하는 한, 페미니즘 언어론은, 읽기 안에는 '올바른 읽기＝지배적 이데올로기에 저항하는 읽기'와 '잘못된 읽기＝지배적 이데올로기에 동의하는 읽기'가 있다고 하는 이원론을 도저히 포기할 수 없다. 이것이 페미니즘 언어론이 빠진 이중구속double bind이다.

읽기에 있어서 텍스트와 주체는 상호 규정적인 관계에 있고, 읽기는 본래 생성적 의미라는 것, 이것은 문학 이론의 공인된 준칙으로서 페미니스트도 인정하지 않으면 안 된다. 그러나 읽기가 자유롭고 생성적이라고 하는 전제를 인정하면, 읽기에는 적합하고 적합하지 않은 것이 있게 되고, '올바른 읽기'란 어떤 것인가를 판정하는 것은 '저항하는 독자'에게만 가능하다고 하는 주장은 성립하기 어렵게 된다.

독자는 자유로운가, 아니면 자유롭지 않은가?

이 아포리아로부터 벗어날 방도는 이론적으로는 두 가지밖에 없다.

하나는 페미니스트가 실행하는 읽기만이 '자유롭고 올바른 읽기'이고, 그 외의 모든 읽기를 '이데올로기적인 편견에 사로잡힌 오독誤讀'으로서 배제하는 것이다. 그러나 텍스트의 읽기는 오직 하나의 '정답'에 귀착할 것(그리고, 그 '정답'은 나만 알고 있다)이라는 '신학적' 비평 이론을 소리 높여 주장하려는 비평가의 학술적 생명이 앞으로 오랫동안 살아남을 가능성은 현대에는 절대로 불가능할 것이다.

그렇다고 하면 남은 길은 하나밖에 없다. 이것은 상당히 굴절된 해석이지만, 페미니즘 언어론이 살아남기 위해서는, 확실히 이 해석밖에는 없을 것이다.

그것은, 이른바 '페미니즘적 읽기'라고 간주되는 것도, 이미 알아차리지 못하는 사이에 남성중심주의적인 읽기에 '오염'되어 있고, **진정으로 여성에게 고유한 읽기를 이루어낸 독자는 아직 단 한 사람도 존재하지 않는다**고 주장하는 것이다.

이 주장은 '여성으로서 쓰는' 언어의 창출이라고 하는 페미니즘 언어론을 유지하려 한다면, 논리의 구조상 이것 외에는 없는 필연의 선택이다. 왜냐하면, '여성으로서 읽는' 것이 간청 이론에 의해 곧바로 실현할 수 있는 것이라면, '여성은 남성적 정신에 매몰되어 있어 여성으로서 읽는 것은 불가능하고, 자신의 내면을 말할 수 있는 언어도 갖고 있지 않다'고 하는 전제 그 자체가 사라지고, 페미니즘 언어론의 싸움은 시작하기도 전에 끝나버리기 때문이다.

그런 의미에서는, 모든 사회 개혁 이론이 밟아왔던 짓궂은 운명이 페미니즘 언어론 역시 기다리고 있다. 만약, 어떤 사회가 급진적인 개혁을 필요로 할 정도로 과도하게 억압적이라고 한다면, 사회 개혁을 시도하는 것은 좀처럼 성공하지 못할 것이다(모든 사회 제도가 개혁의 시도를 사사건건 방해하기 때문이다). 반대로 사회 개혁이 순조롭게 성공했다면, 그 사회는 평판만큼 억압적이지 않았던 셈이 된다. 그로 인해, 사회 개혁의 시도가 성공을 거두지 못하고, 오히려 온갖 개혁의 시도가 차례차례 실패하는 편이 사회 개혁의 필요성을 호소하는 이론의 올바른 근거로서는 설득력을 가지게 되는 것이다. 그 결과, 사회 개혁의 이론가들은, 그 주장이 급진적이면 급진적일수록, 온갖 개혁의 시도가 실패하기만을 오히려 간절히 바라게 된다. 19세기 이후 사회 개량 운동의 대부분은 그러한 길을 걸었다. 따라서, 1989년에 소련과 동유럽 사회주의 국가들이 붕괴했을 때

히로마츠 와타루는 소련과 동유럽 사회주의의 실패야말로, '진정한 사회주의' 건설이 얼마나 어려운 일이며, 또한 얼마나 필수적인가를 증명했다는 주장을 펼쳐 사람들을 놀라게 했던 것이다.

똑같은 역설적 상황에 페미니즘 언어론도 발을 들여놓고 만다.

비평 이론의 추세를 거울로 삼는다면, '텍스트를 읽는 것과 독자의 아이덴티티의 가동은 동시에 일어난다'고 하는 텍스트론/독자론의 기본적 명제는 거부하기 어렵다. 그렇다고 해서, 여성 독자는 '여성으로서 읽는' 것에 의해 유니크한 여성적 주체성을 가동한다는 것을 사실로서는 인정할 수 없다. 그것은 아직 실현되어서는 곤란한 너무 이른 성공이기 때문이다. 기존의 남성중심주의적인 언어 체계 내부에도 '여성으로서 읽고, 여성으로서 말하는' 것이 가능하다면 '여성의 언어'를 창출할 필요는 사라지고 말 것이다.

페미니즘 언어론은, 이렇게 해서 '여성은 여성의 언어를 사용할 수 없다/사용할 수 있다'라고 하는 모순된 명제를 동시에 표명하지 않을 수 없게 된다. 모순된 명제는 동시에 성립할 수는 없지만, 시간을 어긋나게 하면 성립한다. '너무 이른 성공'은 피하지 않으면 안 되지만, '너무 늦은 성공'은 페미니즘 이론에 배치되지 않는다. 여성이 고유의 주체로서 쓰고, 읽는 것을 가능하게 만드는 상황은 페미니즘이 승리했을 때 도래하게 될 것이다. 문제는 '여성의 언어'의 존부存否를 둘러싼 원리적인 차원을 벗어나, 어떠한 역사적 조건이 갖추어졌을 때 '여성의 언어'는 가능해지는가라는 정치적인 질문으로 옮겨진다. 그리고 정치적인 차원으로 옮겨질 때, 사회 개량을 목표로 하는 주장의 올바름은 그것이 좀처럼 실현되지 않는다는 바로 그 사실에 의해 뒷받침된다.

자신들의 주장이 실현되지 않는 것이 그 주장의 정당성을 증명한다고 하는 역설적 사태에 몰린 사람은 어떠한 행동을 취할까. 이것은 상상하기 어렵지 않다. 그것은 가능한 한 자신들의 주장이 곧바로 실현되지 않도록, 달성해야 할 과제의 허들을 점점 더 높여 나간다는 방식이다. '여성으로서 읽고/쓰기'라는 이론이 품고 있는 근본적인 난점은 '달성해야 할 과제의 허들을 높이는' 것으로써 회피할 수 있다. 쇼샤나 펠먼은 이러한 사실을 알아차렸다. 자신이 이루어야 할 작업의 달성 목표를 이렇게까지 높게 설정한 예를 나는 그다지 알지 못한다. 그 점에서 펠먼의 작업은 페미니즘 언어론이 도달한 지적 달성의 극한이라고 말할 수 있을 것이다. 나는 경의를 품고서 펠먼의 이론화 작업을 소개하려 한다.

'여성으로서 읽는' 것의 어려움

여성으로서 읽는 것의 어려움에 관하여 쇼샤나 펠먼은 먼저 페털리의 '저항하는 독자'론을 부정하는 것에서부터 출발한다.

'우리 자신 안에 깊게 박혀 있는 남성적 정신이라는 악마 내쫓기'의 필요성과 책임을 나 자신도 느낀다. 그러나, 대체 어디에서부터 우리는 남성적 정신을 몰아내야 하는 것일까? 우리들 자신이 그것에 빙의되어 있다고 한다면. 우리 문화의 교육의 성과로서 우리가 '남성으로서 문학을 읽는' 것처럼 알아차리지 못하고서 훈련받아 왔다면. 결국 이야기를 지배하고 있는 남성 주인공의 남성중심주의적인 시야에 자기를 동일시하도록 훈련받아왔다면, 그리고 남성 주인공의 시야를 잘못된 보편적인 척도라고 깊게 믿어 왔다면.[*]

펠먼은 이것밖에 없다고 할 정도로 현명한 전술을 선택했다. 그것은 '여성으로서 읽는' 것의 어려움과 긴급성은 여성인 내가 실제로 '여성으로서 읽고 있지 않다'고 하는 사실 그 자

---

[*] Felman, op. cit., p.5

체에서 자동적으로 연역된다고 하는 자학적인 논법을 채용한
것이다.

펠먼이 표적으로 삼은 것은 남성중심주의 그 자체가 아니
다. 그것이 아니라, '남성적 정신으로부터의 이탈'은 가능하고,
나는 현재 텍스트를 탈-남성중심주의적인 방식으로 읽고 있
다고 편하게 말하는 페털리 같은 유형의, '저항하는 독자'들이
다. 이러한 낙관주의야말로 펠먼이 보기에는 결코 입에 담아서
는 안 되는 치명적인 금기이고, 그러한 이데올로기적인 페미
니스트야말로 펠먼의 적인 것이다. 따라서 그것에 대한 비판의
말은 격렬하다.

읽는다는 것은, 거기에서 무엇을 읽어낼 것인가를 전부 미
리 알 수 있는 것이 결코 아니고, 상당히 위태로운risky 비즈니
스이다. 읽는다는 것은, 엄밀히는, 저항하는 것이 불가능한 리스
크—자신이 기대하지 않았던 무언가를 텍스트 안에서 발견하고
만다는 리스크—를 포함하고 있는 게 아닐까? '저항하는 독자'가
된다는 것의 위험성이란, 결국 '저항하는 독자' 안에 들어가고 마
는 것에 존재한다. 그러나, (페미니스트이든 배외주의자이든) 실
로 자기 자신의 이데올로기나 선입관에 매달리기 위한 '저항하는
읽기'를 한다는 것이야말로 우리가 온갖 경우에 실제로 하고 있
는 일은 아닐까?*

펠먼이 여기에서 페털리의 '저항하는 독자'론을 향하고 있는 강한 비판은 주목할 만하다. '저항하는 독자'는 '자기 자신의 이데올로기나 선입관에 매달리기' 위해 '저항한다'. 따라서 '저항하는 독자'는 '자신이 기대하고 있던 것'밖에는 텍스트에서 발견하지 못한다. '자신이 기대하지 않았던 무언가'를 읽어 내는 것에 강하게 '저항하고, 미지의 지식과 견문, 자신이 이해할 수 없는 말을 건너뛰고 읽는다'. 우리는 무반성적으로 읽고 있을 때야말로, '저항하는 독자'인 것이다. 그러한 예단을 가진 독자라는 것을 자각하는 것에서부터 읽기는 출발하지 않으면 안 된다.

확실히 남성중심주의는 비판되지 않으면 안 된다. 하지만 그것은 손쉽고 간단하게 비판할 수 있는 게 아니다. 되풀이해서 말하고 있는 대로, 남성중심주의적 사회의 내부에, 남성중심주의적 사회를 비판하려 하는 사상 운동이 간단하게 성립할 수 있다는 것은, 그 사회가 실제로는 생각만큼 남성중심주의적이 아니라는 것을 의미하기 때문이다. '여성으로서 읽는' 것이 거의 절망적으로 불가능한 경우 외에는, 언어 제도의 전면적 쇄신, 여성에게만 특화한 언어의 창출이라고 하는 프로그램은

---

* Ibid., pp.6-7

역사적인 필연성을 갖지 않는다. '모든 텍스트는 남성중심주의적으로 쓰여 있다'고 가르치고, 곧바로 누구라도 '저항하는 독자'가 될 수 있다고 하면 '여성으로서 읽는' 것도 '여성으로서 쓰는' 것도 사상적 과제로서의 긴급성을 잃는다. 펠먼은 그 함정에 관해 페털리보다도 훨씬 더 경계심을 보였다.

페털리 식의 '저항하는 독자'란 실제로는 기존의 이데올로기에 의존하는 '무반성적인 독자'에 지나지 않는다. 진정으로 반성적인 독자는 '차원을 한 단계 높이기' 위해서, 상당히 어려운 애로臨路를 빠져나가지 않으면 안 된다. 펠먼은 그렇게 생각했다.

여성 독자는 알아차리지 못한 채로 이미 '남성으로서 읽도록' 훈육되어 있다. 거기에서 어떻게 해야 벗어날 수 있을까? 어떤 언어 환경 속에 태어나, 그 언어 안에서 자란 인간이, 그 언어가 간직하고 있는 이데올로기나 억단臆斷을, 그 해당 언어를 사용해 반성적으로 은폐된 것을 폭로하는 것이 과연 가능할까?

이미 보았듯이, 이것은 언어와 주체에 관련된 논의의 가장 곤란하고 가장 사정거리가 먼 근원적 문제이다. 철학사가 가르쳐주고 있듯이, 근원적인 문제에 대처할 때의 가장 생산적인 접근 방식은 '이 어려운 문제에는 회답回答할 수 없다'고 솔직하게 인정하는 것이다. 그리고 '회답할 수 없다'고 하는 해당 사실에서 최대한의 지적 자원을 길어내는 것이다. 그리고 펠먼은 바로 그 길을 올바르게 걸어 나간다.

문제를 다시 한 번 정리해보자.

우리는 매번 어떤 특정의 언어 체계, 친족 시스템, 신화 체계, 이데올로기, 미의식…… 등의 '독단doxa의 감옥' 안에 내던져져 있다. 하이데거는 인간이 이러한 제도에 내던져진 상황을 피투성被投性, Geworfenheit이라고 이름 붙였다. 그것은 인간이 세계 내부에 결박되어 있고, 자연적, 무반성적으로 살고 있는 한, 세계의 바깥인 '객관적 시점'으로부터 자기 자신을 내려다보는 것이 불가능하다는 근원적인 불능을 가리킨다.

하지만, 그럼에도 또한, 인간은 상상적으로 나 자신의 신체를 이탈해서, 내 몸을 돌아다볼 수 있는 가능성을 지니고 있다. 그것은, '나는 타자의 시선으로는 어떻게 보일까?'라는 질문을 하는 것에 의해서이다. 인간은 상상적으로 타자의 안쪽으로 파고들어가, 그 시선에 동조하고, 거기에서 '나 자신을 포함한 풍경과 함께, 나 자신을 돌아다보는' 것이 가능하다. 이 탈자적脫自的인 상상을 헤겔이 '자기의식'이라고 이름 붙였다는 것은 이미 앞에서 말한 대로이다.

인간이란 자기의식이다. (……)인간을 그 '근원'의 파악에 의해 파악한다는 것은, 바로 언어에 의해 개시開示된 자아의 기원을 파

악한다는 것이다.[*]

'자기의식이라는 것', 그것이 인간의 정의이다. 따라서 우리는 어느 정도 질서 잡힌 억단이나 망상 체계 속에 태어났다고 해도, 인간인 한은, 스스로의 기원으로부터 계속해서 이탈하면서 스스로의 기원을 언어적으로 파악하려고 하는 자기 초월의 운동 안에 이미 발을 들여놓고 있다.

그렇다고 해도, 내가 상상을 통해 하늘 높이 날아 올라가, 그 하늘 높이에서 나와 나의 모습을 부감俯瞰하고서, '나란 ……이다'라고 언명하는 것만으로는 그 언명이 참이라는 것은 증명되지 않는다. 나는 '꿈속에서 보는 꿈'을 보고 있을지도 모르고, '독단doxa으로부터 벗어났다고 하는 독단'의 포로인지도 모르고, 하늘 높이에서 나의 모습을 반성적으로 내려다보는 자기의식을 확보했다고 하는 복잡하게 얽힌 망상 속에서 졸고 있는 것일지도 모른다.

나의 자기의식이 확실한 것으로서 기초 지어지는 것은, 내가 자기 초월'해 나가고 있다'고 알려지는 것은, 단지 **자기 이외**

_____

[*] 코제브, 『헤겔 독해 입문 – 정신현상학을 읽다』

의 타자에 의해 그러한 기도企圖가 실제로 인정되는 경우뿐이다. '나는 ……이다'라고 하는 확신은, '당신은 ……이다'라고 타자로부터의 승인을 획득한 경우에만 기초 지어진다. '자기의식이란 승인된 것으로서밖에는 존재하지 않는'* 것이다.

펠먼은 '여성으로서 읽기'라는 논건의 어려움을, 이 헤겔의 '타자에 의한 승인'이라는 사고를 도입해서 돌파하려 한다. 이미, 보부아르의 여성론이 헤겔＝코제브로부터 사고의 많은 부분을 빌려왔다는 것은 앞에서 언급했다. 이것은 보부아르 한 사람의 개인적 기호가 아니라, 페미니즘 전사全史를 통해 되풀이되고 있다. 펠먼은 어떤 의미에서는 가장 정통적인 '여성 헤겔주의자'이다.

펠먼은 문제를 다음과 같이 재설정한다.

여성은 '남성적 정신'을 주입받고, '남성으로서 읽도록 훈련'되어 왔다. 그 여성이, 그녀 자신이 감입嵌入되어 있는 언어 시스템으로부터 몸을 해방시켜, 그 시스템을 대상화하고, 비판적으로 음미하고, 나아가 그것과는 '다른 어법'에 의해 말하기 시작하는 것은 어떻게 해야 가능한가.

헤겔의 술어術語를 사용하면, 이 질문은 '여성은 어떻게 해서

---

* 헤겔,『정신현상학』

자기의식이 되는가'라고 고쳐 쓸 수 있을 것이다. 자기로부터의 이탈과, 타자에 의한 승인, 이 두 가지 과제는 페미니즘 언어론에서는 어떻게 해야 달성될 수 있는가.

저항과 일탈

여성 독자는 주관적으로는 '여성으로서' 읽고 있지만, 제도적으로는 '남성으로서' 읽을 것을 강요받고 있다. 그리고 '여성으로서 읽는다고 생각하지만, 실제로는 남성으로서 읽고 있다고 하는 사실' 그 자체가 억압되어 있기 때문에, 여성 독자는, 자신이 '남성으로서 읽고 있다'고 하는 사실에 생각이 미치지 못한다('아 그랬나' 하고 무릎을 탁 치며 납득할 수 있는 의식의 내용은 '억압되어 있다'고는 말할 수 없다. 그건 단지 '건망증'이다).

그러나 인간은 '억압된 것'이 '무엇인가'를 알 수는 없지만, '억압된 것'이 '있다'는 것까지는 아는 것이 가능하다. '억압된 것이 있다'라는 것을 우리에게 가르쳐준 것이 '저항'이라는 징후이다(다만, 이 저항은 페털리 식의 저항과는 완전히 다른, 프로이트적 의미에서의 '저항'을 말한다).

어느 정도 의제擬制적으로 남성화되어서 봐도, 여성 독자의 '교육에 의해 몸에 붙은 남성스러운 읽기'에 익숙해지지 않는

126

텍스트의 '난관'은 곳곳에 '함정'처럼 산재해 있다(예를 들어, 성제도의 이데올로기성이나 무근거성을 드러내는 기호가 새어나오는 듯한 대목). 그러한 '난관'에 다가가면, 여성 독자 내부의 '남성적 정신'은 '읽지 마, 건너 뛰어, 이해하려고 하지 마' 하고 명령한다. 나태한 독자는 얌전히 그 지령에 따를 것이다. 그러나, 진정으로 분석적인 독자는 바로 그러한 '저항'이 가장 강하게 일어날 때, '읽는 것을 스스로에게 금지하는 것'에 가장 가까이 다가갔음을 감지한다.

왜냐하면, 진정으로 분석적 지성이란 자신이 '무엇을 보고 있는가'가 아니라, '무엇으로부터 눈을 돌리고 있는가', '무엇을 알고 있는가'가 아니라, '무엇을 알고 싶어 하지 않는가'에 초점을 맞춰, 자기 자신의 지의 구조를 소급적으로 해명하려고 하는 지성을 가리키기 때문이다.

독자의 경우도 마찬가지다. '남성으로서' 읽고 있는 여성 독자가, '스스로에게 읽는 것을 금지한 것', 그것은 남성중심주의적인 텍스트의 질서가 파탄이 난 대목이다. '저항'이 작동하는 것은 이데올로기가 굳건하게 기능하고 있는 대목이 아니라, 이데올로기가 '허술함을 내보이고 있는' 대목에서인 것이다. 그것은 우리가 일상에서 항상 하고 있는 일이다. 우리는 위엄 있는 인물의 실패에 관해서는 일단은 '눈을 돌리려' 하고, 애정이 넘쳐야 할 부모로부터 받은 학대는 '없었던 일'로써 잊어버리려 한다. 그것과 마찬가지로, 텍스트 속에는 이데올로기의 중추적 통제를 벗어나, '자기 일탈'을 시작하는 대목이 있다. 그리고 **훌륭한 텍스트는 반드시 그 중추적 통제를 위기에 처하게 하는 '틈새'를 내포하고 있다.**

> 모든 위대한 텍스트에 관해 말할 수 있는 사실이 있는데, 텍스트의 문학성은, 텍스트가 거기에 주입된 의식적인 이데올로기로부터 어느 정도 자기 일탈적self-transgressive인가에 엄밀하게 비례한다.[*]

펠먼이 지적하는 대로, 기성의 단일 이데올로기에 의해 완전히 통제되고 있는 텍스트 따위는 존재하지 않는다. 텍스트는 그 성립 과정에서부터, 본래 다형적이고, 다기원多起原적이고, 혼합적인 것이다. 단일한 이데올로기로 다룰 수 있을 정도로 간단한 물건이 아니다.

'위대한 텍스트'라고 불리는 것들은, 단순히 다기원적이고 무정형적인 것에 머물지 않고, 몸을 비틀 듯이 하여 자신의 기원과 자신의 한계를 묻고, 자신의 무근거성을 아주 난폭하게

---

[*] Felman, op. cit., p.6

폭로하는 듯한 자기 언급성, 자기 척결성을 징후로 하고 있다. '위대한 텍스트'의 위대성은 그것이 탄생한, 거기에서 자라난 해당 언어 체제의 허구성과 불능을 돌아서서 응시할 수 있는 진솔함과 능력 속에 존재하는 것이다.

그렇게 '이데올로기로부터 자기 일탈하는' 텍스트와 마주할 때 독자 역시 또한 좋든 싫든 거기에 실제로 만들어져 있는 '일탈의 프로세스' 안에 얽혀 들어가게 된다.

자기 일탈할 가능성을 간직하고 있는 '위대한 텍스트'와 자기 일탈할 잠재력potential을 비장하고 있는 '분석적 독자'가 만날 때, 텍스트와 독자가 공범적으로 가담하는 '자기 일탈'의 운동이 시작된다. **그때 비로소 여성 독자는 진정으로 페미니스트적 독자가 될 것이다.** 펠먼은 그렇게 생각한다. 이 상호적인interactive 텍스트와 독자의 상호 규정 관계는 아주 스릴이 넘치는 관계이다.

'진정으로 페미니스트적인 독자'란 '나는 여성이다'라는 것을 자명한 사실로서 시작점에 놓는 독자가 아니다. 혹은 방법론적 기초 짓기를 제시하지 않은 채, '문학의 권외圈外'로부터 '저항하는 독자'를 시험해보는 존재도 아니다. '여성이라는 것은 어떠한 것인가'를 미지수로서 읽기 시작하려는 독자, 그것이 '진정한 페미니스트적 독자'이다.

지금 텍스트를 읽어 나가는 나는 성적으로 누구인가? 나는 무엇을 '읽기에서 놓치고', 무엇을 '잘못 읽도록' 성적으로 '구조화'되어 있는가? 그러한 스스로를 갈갈이 찢는 듯한 질문을 읽기의 추진력으로 해서, 끝없는 질문을 던지는 프로세스에 온몸을 던지는 과감한 독자를 펠먼은 '페미니스트'라고 부르는 것이다.

텍스트의 자기 일탈은 최초에는 눈에 보이지 않고, 제대로 들을 수도 없다. 왜냐하면 그것은 글쓴이의 의식의 통제control나 숙고해 나온 의도를 비어져 나오게 한 것이기 때문이다. 내가 말하고 싶은 것은, 이 과잉의 것은, 여성 독자의 욕망과 수사법적 rhetorical인 개입에 의해 증폭 가능하고, 징후화할 수 있다는 것이다.[*]

글쓴이의 '컨트롤'과 '숙고된 의도'를 넘어서 비어져 나온 '기호의 과잉'이 있다. 이것을 공략하려 할 때, 독자가 사용하는 무기가 '컨트롤'과 '숙고된 의도'일 리가 없다. 오히려 독자 자신의 자기 일탈, 통제 불능, 의도로부터의 비어져 나옴, 독자

---

[*] Ibid.

자신의 고유의 어법의 비합법적인 개입…… 그러한 것들이 알맞게 미약한 전기 신호를 대음량으로 증폭하는 앰프처럼 텍스트의 자기 일탈 징후를 증폭할 것이다.

자신이 그 포로인 욕망과 자신을 가두고 있는 감옥인 언어를 대담하게 개입시키는 것에 의해 독자는 텍스트에 '끼어드는' 것이 가능하다. 그때 비로소 텍스트는 '열린다'. 이 상호 간섭적인 '생성하는 읽기'에 있어서, 텍스트는 이 유니크한 독자의 개입이 없으면 읽히지 않은 채로 끝났을지도 모를 **미문 未聞의 의미**를 열어 보일 것이다.

이 텍스트 이론은 앞에서 인용한 레비나스의 '간청하는 읽기'의 이론으로 오인할 정도로 비슷하다. 레비나스는 이렇게 썼다.

이른바 주해注解자들의 다수성이 '절대적 진리'의 충일을 위한 조건인 것입니다. 모든 사람은, 그 유일성을 통해서 진리의 유일한 측면을 열어 보이는 보증인인 것입니다. 그렇기 때문에, 어떤 종류의 사람들을 인류가 결여하고 있는 한, 진리의 어떤 측면은 결코 개시開示되지 않습니다.*

---

* Lévinas, *L'Au-delà du verset*, p.163

레비나스 문장의 '어떤 종류의 사람들'이라는 대목에 '여성인 독자'라는 말을 대입시키면, 레비나스의 이 문장은 그대로 펠먼의 문장으로서 읽을 수 있다.

그러나 '레비나스의 이 문장은 그대로 펠먼의 문장으로서 읽을 수 있다'고 하는 한 줄은 페미니스트 언어론에 있어서 흘려 읽을 수 없는 중요한 의미를 지니고 있다.

바르트의 텍스트론

같은 종류의 근접성은 펠먼의 텍스트론과 롤랑 바르트의 텍스트론 간에도 지적할 수 있다. '여성으로서 읽기'라는 생각이 단일한 읽기, 결정적인 읽기로의 수렴이라는 '신화'에 저항해, 복수의 읽기, 다기원적인 읽기, 상호간의 친화, 서로 배치되는 이타異他적인 읽기의 '공생'을 지향하는 운동을 가리킨다고 한다면, 펠먼의 주장은 그대로 롤랑 바르트의 텍스트론과 겹친다. 바르트는 그 뒤의 텍스트 이론의 방향을 결정지은 〈작가의 죽음〉이라는 중요한 논고 속에서 다음과 같이 쓰고 있다.

텍스트는 (이른바 신학적인) 유일한 의미를 가진 단어의 연쇄로 이루어진 것이 아니다(그렇다고 한다면, 그 의미는 '작가＝신'

으로부터의 메시지인 것이 된다). 그것이 아니라, 텍스트는 다차
원적인 공간이고, 거기에서는 다양한 에크리튀르가 사이좋게 지
내거나, 또는 서로 으르렁거리고 있다. 그 어느 쪽의 에크리튀르
도 기원적이지 않다. 텍스트는 문화의 무수히 많은 발신지로부터
배달된 인용의 직물이다.*

이 다기원적, 다요소 혼재적인 '직물texture'에 관해, 그 '궁
극의 기원'이나 '소실점'을 찾는 것은 덧없는 일이다. 독자에게
허용된 것은, 직물의 털실을 풀 듯이, 텍스트를 푸는 것뿐이다.

다양한 에크리튀르에 있어서는, 모든 것은 '풀리는démêler' 것
이지, '해독되는déchiffrer' 것이 아니다. 가능한 것은 에크리튀르
의 구조를 더듬어 나가며, (스타킹의 풀린 올에 관해 말할 때처
럼) '올을 푸는filer' 것이다. 거기에는 몇 개의 반복이 있고, 몇 개
의 층이 겹쳐져 있다. 하지만 기저基底라는 것은 존재하지 않는다.
에크리튀르의 공간은 소요逍遙하기 위한 것이지, 저쪽을 향해 관
통하기 위한 것이 아니다.**

---

* Barthes, La mort de l'auteur, in *Œuvres complètes*, Tome Ⅱ
** Ibid.

펠먼은 물론 이 바르트의 텍스트론에 입각해서 쓰고 있다.

발자크의 「아듀」를 해석하던 중에, 펠먼은 갈리마르에서 출판된 판본의 해설을 담당한 두 남성 비평가의 '교화적인 해설'이 '둘 다 텍스트를 "설명"하고, 그 중요성을 "자리매김"할 의도를 지녔다'*고 격렬한 표현으로 비판했다. 남성 비평가들은 둘 다 프랑스군 병사의 사실적인 전투 묘사에만 초점을 맞추고, 여성 주인공에 관해서는 조직적으로 해설에서 누락시켰다. 이 '성맹gender blindness'에 관하여 펠먼은 이렇게 쓰고 있다.

이야기는 여기에서 명백하게 전일적으로 남성의 이야기로서 요약되어 있다. 이것은 '전쟁 중에 행방불명된 한 장교가 몇 년인가 뒤에 귀환하는 이야기'이다. '주기注記'의 필자가 이 텍스트의 제2판이 '여자의 의무'라는 '기묘한 제목'이 붙어 있다는 사실—그것은 그에게는 불가해한 일이었다—에 당혹스러워한 것은 그리 놀랄 만한 일이 아니다. 포기된 제목에 현재顯在하고 있는 것은, 남자들이 쓴 해설에서는 볼 수도 들을 수도 없다. 여자는 '해설'의 왕국의 주민이 아니기 때문이다. 해석되기를 원하는 그녀의 호소는 단순한 지식의 단편斷片, 사용할 길이 없는 정보의

---

* Felman, op. cit., p.27

부스러기에 지나지 않는 것이다.

　문학 비평이라고 하는 제도는 이렇게, 그 전문적 학술적 언설을 발신하면서, 죄책감 없이 여성 혐오를 뜻하지 않게 드러낸다. 여기에는 교육 시스템에서의 사회학적 성차별sexism과 '문학적 분석'이라고 하는 해석 시스템의 섹시즘, 학술적이고 교육학적인 '문학성' 및 비평적 언설이라고 하는 위조물을 배양하는 섹시즘이 화음을 만들어 내고 있다. 독자를 '설명 가능'한 사실의 근절을 경유해서, '올바른' 감각, 문학적 '적절성', 이른바 텍스트 해석의 객관적 레벨로 이끄는 것에 의해, 아카데믹한 비평은 '독해 가능성'의 규범 그 자체를 조건 짓고 있는 것이다.*

텍스트에는 학술적이고 규범적인 '올바른' 독법이 있다고 하는 '신화'를 바르트는 '모던한' 비평 원리를 가지고 단칼에 잘라 버렸다. '해설'을 직업으로 하는 강단 비평가를 혹독하게 내친다는 점에서 펠먼과 바르트는 다르지 않다.

　다만 펠먼은 하나를 더 부가해, 그 행위가 본질적으로 '여성 혐오misogyny'라고 정의 내리는 것에 구애되고 있다. 이것이 꼭 바르트의 사고에 포함되는 것은 아니다. 왜냐하면 바르

---

* Ibid., pp28-29

트는 텍스트에는 최종적인 의미가 있다고 하는 '신학적'인 신빙성은, ('남성의' 것이 아니라) '유럽 고유의 숙명'이라고 생각했기 때문이다. 일의적인 텍스트 해석을 지향하는 이데올로기가 남성 고유의 것인지, 유럽 고유의 것인지에 대해서는 일단 제쳐놓기로 하자. 현 단계에서는, 텍스트는 다기원적이고 무정형적amorphous인 것이고, 텍스트의 올바른 유일한 해석이라는 것은 존재하지 않는다고 하는 현대 텍스트론의 '상식'을 펠먼과 함께 확인해두는 것으로 만족하자.

언어는 정말로 '성화'되어 있는가

독자는 개인적인 '간청'에 구동驅動되어서 읽는다. 그것은 바꿔 말하면, 도시에 거리에 생산에 교육에, 혹은 나 자신의 욕망의 어법에 계속해서 개입하는 읽기라는 것이다. 완전히 무구無垢하고, 투명한 독자라는 것은 존재하지 않고, 가령 존재한다해도 그러한 독자는 텍스트를 하나의 글자로서 읽을 수가 없을 것이다. '문해력literacy'이란 독자의 경험을 말하고, 실제의 인생을 말하고, '더럽혀짐'을 말하는 것이기 때문이다.

우리가 (펠먼과 함께) 조준하려 하는 것은, 어떤 독자의 리터러시에는 어떠한 상황적 여건이 어떤 방식으로 관여하고 있는

가라는 정치의 문제이다.

레비나스는 거기에서 '이데아 중심주의'를 검출하고, 바르트는 '유럽 중심주의'를 검출하고, 펠먼은 '여성 혐오'를 검출한다. 각각의 분석은 제 나름으로 설득력이 있다. 그러한 경우의 가장 상식적인 대응은, 아마도 **그러한 것들은 전부 우리의 읽기에 관여하고 있다**고 생각하는 것이리라.

여러 가지 요소들이 우리의 리터러시(앞에서 말한 것처럼, 그것은 '더럽혀짐'을 말한다)의 형성에 참여하고 있다. 인종, 성차, 계급, 신앙, 정치적 입장, 국적, 직업, 연봉, 지능, 가정환경, 병력, 성적 기벽嗜癖…… 등 다양한 팩터가 우리의 읽기에 관여하고 있다. 그중에 한 가지만이 결정적인 팩터이고, 나머지는 논할 만한 가치가 없다고 단언하기 위해서는, 상당한 오만과 둔감함이 필요할 것이다.

복수의 이데올로기적 편견bias이 읽기에는 가압加壓되어 있고, 그 편견의 압력의 강약이나 농담濃淡의 배치는 한 사람 한 사람마다 다르다. 나는 그런 식으로 생각한다.

그러나 그렇게 생각하는 것은 페미니스트에게는 허락되지 않는다. 나의 생각을 인정하면, '모든 사람은 각자 고유의 방식으로(바꿔 말하면, 각자 고유의 이데올로기적 편견을 가지고) 텍스트를 읽는' 셈이 되어, '여성만이 고유의 방식으로 텍스트를 읽는 것이 허락되지 않는다'고 하는 논의의 전제가 무너지고 말기 때문이다. 페미니즘은 성차별적 구조 안에서는 여성만이 선택적으로 박해받고 있고, 남성은 그렇지 않다고 주장한다(물론, 남성도 어떤 의미에서는 성차별적 구조의 '가해자라는 숙명을 안고 있다'라는 식으로 피해자이긴 하지만, 그러한 피해는 긴급한 구제의 대상으로는 인정받지 않는다).

읽기에 억압적으로 관여하고 있는 것은 오로지 성 제도이고, 그 외의 이데올로기적 편견은 전부 성차별sexism의 파생물이거나, 혹은 무시할 수 있는 것으로 간주하지 않으면 페미니즘 언어론은 성립할 수 없다. 하지만 그러한 주장을 관철하기 위해서는 어려운 논리적 곡예가 필요하다.

페미니즘이 빠져 있는 괴로운 입장을 이해하기 위해서, 전 단계에서 언급했던 '성화性化된 언어'라고 하는 논건으로 다시 한 번 돌아가보자.

이미 보았듯이, 언어를 실제로 운용해서, 자신의 경험이나 감각을 기술하고, 전달한다고 하는 단계가 되었을 때, 우리는 성화된 언어를 사용할 것을 강제받고 있다. 이것은 페미니스트가 말하는 내로이다.

현재 일본어에는, 여성어, 남성어라고 하는 유성화된 어법이 있고, 그것은 정전正典 문법으로서 일본어 화자에게 강제되고 있다.

예를 들어 '네ね'나 '요よ' 같은 종조사終助詞는 화자가 남성인지 여성인지에 따라 형태가 변한다(남성 화자는 '……하군……だね' '……이지……だよ', 여성 화자는 '……이지요……だわね' '……이에요……だわよ'). '남성어' '여성어'는 어휘의 레벨뿐 아니라, 어법, 에둘러 말하기, 발성, 사용하는 글자의 차이 등 온갖 언어 운용의 수준에서 현재화顯在化된다.

　　고대의 상류계급에서는 성차는 더욱 두드러졌다. 남성과 여성은 익히 알고 있는 대로, 사용하는 언어 자체가 구별되어 있었기 때문이다. 남성은 한문을 사용하고, 여성은 '야마토코토바'*를 사용한 것이다.

　　기노 츠라유키紀貫之가 쓴 『도사 일기土佐日記』는 야마토코토바를 사용하고 있다. 기노 츠라유키가 '여성어'를 사용한 것은, 헤이안 시대의 남성은 '야마토코토바'를 가지고 주관적인 정서를 서술하는 어법을 갖고 있지 않았기 때문이다. 한문은 추상 개념이나 대언장담大言壯談의 표현에는 알맞지만, 오락가락하는 '자신의 기분'을 묘사하는 데는 맞지 않는다. 따라서 기노 츠라유키는 의제擬制적으로 '여자가 되어서', 여성의 어법으로 자신의 '기분'을 말해 본 것이다. 이것이 의미하는 것은 사용하

---

* 大和言葉. 옛날에는 와카和歌나 우아한 언어雅語를 가리켰는데 현재는 한자나 외래어에 대한 일본의 고유어를 가리킨다. 일본 중세에 궁중에서 여성들이 사용하던 언어로 일반에도 보급되면서 여성의 언어로 정착되었다.

는 언어가 다르다는 것은, 문자도, 어휘도, 문법도, 통사도, 나아가 다루는 주제도, 그것에 접근하는 방식도, 전부 달라진다는 것이고, 뒤집어서 말하자면, 성화된 언어를 가지고는 '말할 수 없는 것'이 존재한다는 것이다. 그뿐만이 아니라, 남성에게 특화된 어법을 여성이 사용하기 어려운 경우도 일본어에는 있다. 기노 츠라유키는 때때로 가인歌人으로서, 원래대로라면 여성밖에는 사용하지 않은 '히라가나 사용의 명인'이었기 때문에, 여성어를 사용해서 글을 쓴다고 하는 특권을 누릴 수 있었지만, 그와 반대로 남성어＝한문으로 일기를 남긴 여성 문인이 있었는지는 현재까지 알려져 있지 않다. 『복숭아 엉덩이의 소녀』의 하시모토 오사무나 「비용의 아내」의 다자이 오사무처럼, 여성어를 구사한 남성 작가는 많지만, 앞에서도 말했듯이 그와 반대로 남성어를 사용해 남성 주인공의 입장에서 쓴 여성 작가는 적다. 적어도 일본 고전 문학의 정전이 된 작품들 중에는 그런 작품은 존재하지 않는다. 이 비대칭성은 무엇에서 유래할까.

논리적으로 생각하면 그 이유는, **여성은 남성에게 특화된 어법을 학습하고 익힐 기회가 (그 반대의 경우보다도) 적다**라는 게 될 것이다. 하지만 그렇다고 한다면, 이것은 펠먼의 주장과는 완전히 모순되고 만다. 펠먼은 '교육을 받은 여성은 알아차리지 못하는 사이에 남성에게 특화된 어법을 말하게 된다'고 주장하고 있기 때문이다.

일본에서는 교육을 받은 여성이라도, 일상생활에서는 여성어를 사용한다. 비즈니스 문서나 학술 논문은 여성어가 아니지만, 그것은 남성어도 아니다(현저한 성차 지표인 종조사 '네ね'나 '요よ', 혹은 '俺(오레, '나')'와 같은 대명사는 그런 문서에서는 사용하는 게 엄격하게 금지되어 있기 때문이다.

대학원에서 논문을 지도했던 경험으로 말하자면, 학술적인 어법을 습득하는 작업에 성차는 관여하지 않는다. 여성 연구자 쪽이 학술 논문을 쓰는 방법을 습득하는 데 많이 시간과 노력을 필요로 한다는 식의 사실은 존재하지 않는다. 하지만, 그렇다면 어째서 여성도 남성도 사용할 수 있고, 배워서 익히는 데 똑같은 노력밖에는 필요로 하지 않는 어법이 '남성에게 특화된 어법'이라고 말하는가.

이리가라이라면, 가령 일본어라 하더라도, 비즈니스 문서나 학술 논문의 에크리튀르는 '본래 남성에게 특화된 어법'이고, '일견 중립적인 어법'이라 해도 '사회 질서와 언어적 규범을 반영하고' 있고, '남성 동료들 간의 관계로서의 사회, 남성의 것인 사회 조직, 사회 이념, 혹은 사회 통념을 표명'하는 '부권제적 언어 코드'와 다르지 않다고 반론해 올 것이다. 일본어에서의 '여성어'라는 것도, 여성 동료의 커뮤니케이션의 도구처럼 보이지만, 남성중심주의적인 사회가 여성에게 강요한 것인 이상, 여성어라고 하는 가상假象을 두른 '여장女裝한 남성어'에 지나지 않는다고 말할 것이다.

　그러나, 일본어에서의 여성어와 남성어와 같은 구분은 구미의 언어에는 존재하지 않는다.

　누구나 알고 있는 것처럼, 영어에서는 남성이든 여성이든 일인칭대명사는 'I'이다. 이것을 남성인지, 여성인지, 젊은 여성인지에 따라 인칭대명사를 다르게 쓰는 것에 고심하는 것은 일본의 번역자들뿐이다. 성에 따라 형태가 달라지는 종조사 같은 귀찮은 것이 구미의 언어에는 존재하지 않는다.

　구미에서는 외형적으로는 남성도 여성도 같은 언어를 말하고 있다. 바로 그렇기 때문에 남성도 여성도 공유하고 있는 '성 중립적인 언어'가 사실은 '남성에게 특화된 언어'라고 하는 가설로부터 구미에서 출발한 젠더와 언어를 둘러싼 논의는 시작될 수 있었던 것이다.

　그러나, 일본어처럼, 생활 언어는 완전히 외형적으로 성화되어 있고, 학술이나 비즈니스 언어는 완전히 중성화되어 있는 언어에 관해, '사실은 그 어느 것도 남성에게 특화된 언어이다'라고 주장한다는 것은 상당히 어려운 일이다.

　일본인은 유아기 때부터 남성어, 여성어의 학습과 구분해서 사용하는 법을 훈련받고 있다. 거기에 더해 남녀 모두 '성 중립적 언어'라고 믿으며 남성어를 말하고 있다고 하는 상정은 누가 생각하더라도 무리가 있다. 왜냐하면, 그런 경우에는, 남성의 경우는 '공공연히 성화된 남성어'와 '성 중립적으로 위장한 남성어'의 두 종류의 남성어의 구분법을 배워 익히지 않으면 안 되기 때문이다. 부권제라는 것은, 그러한 부담을 부권제의 '수익자'에게 강제하는 것일까.

내가 부권제적 독재자라면(의미 없는 가정이지만), 지금 있는 '나俺'적인 남성어의 사용을 금하고, 남성은 모름지기 비즈니스=학술적인 '성 중립적 언어'를 사용해야 한다고 명령할 것이다. 그리고, 여성어 쪽은 남겨놓고, 이것은 '여성에게 특화된, 그녀들의 고유의 어법, 여성의 언어'라고 구슬릴 것이 틀림없다(이런 방법이라면 페미니즘 언어 이론과도 부합한다). 부권제 언어 코드라는 것이(이리가라이에 의하면, 상당히 여러 분야에서 여러 세세한 사항을 이데올로기적으로 통제하고 있는 모양인데) 이렇게 간단한 방법에 지혜를 돌리지 못한다는 게 실로 신기하다.

일본어 화자를 주체로 상정하는 한, '여성에게 유성화된 어법'을 '탈환하라'나 '창출하라'라는 정치적 프로그램에 공감하는 여성이 있으리라는 건 아무리 생각해도 가능성이 없을 것 같다. 그러나 내 좁은 소견이 미치는 한에서는 '일본어는 이미 여성어라는 것을 갖고 있기 때문에, "여성에게 특화된 유성有性적 언어의 창출"이라는 것은 달성 목표로서 내걸기는 어렵다'라고 의구심을 표명하는 페미니스트가 있다는 것을 들은 적이 없다. 반복해서 말하지만, 정말로 신기한 일이다. 그러나 이런 것들을 아무리 지적해도 어떠한 페미니스트도 상대해주지 않을 테니까, 이 문제는 이쯤에서 잊어버리고, 논의를 구미 모델에 한정하는 것으로 하자. '여성어'를 갖지 않은 구미에서는, 여성이라도, 유아기부터 남성어에 의해 자신의 경험을 해석하고, 자신의 '내면'을 표현하는 것을 강제받고 있다. 여성이라도 의제적으로 '남성으로서' 읽고, 쓰는 셈이 된다(구미 언어에서는 말하자면 남녀 양쪽 모두 '한문'으로 쓸 것을 강제하고 있는 셈이다).

바로 그러한 사회이기 때문에, '남성의 시점에서 만들어진 개념은 남성의 현실을 만든다. 현실도 합리성도 오로지 남성의 용어로만 정의된다'*라는 식의 단언이 가능하게 되는 것이다.

여성의 전기

펠먼은 여성이 '전기'를 쓰는 것의 어려움에 관하여 이렇게 쓰고 있다.

* Susan J. Hekman, *Gender and Knowledge*, p.66

'내심을 말한다'는 것은 우리가 말하는 이야기가 전부 우리의 것이라는 사실을 보증하지 않고, 그것이 우리 자신의 목소리로 말해지고 있다는 것도 보증하지 않는다. 현대 문학에서는 여성의 고백이 유행하고, 비평에서는 '페미니스트적 고백'이 유행하고 있지만 지금까지 아직, 여성으로서, 엄밀한 의미에서 자서전이라고 불릴 만한 것을 쓴 여성은 우리 중에 단 한 사람도 없다고 나는 생각한다. 여자들은 자기 자신을 대상으로서 바라보고, '타자'로서 위치 지어지도록 훈육받았고, 자기 자신으로부터 소외되어 있다. 따라서 우리가 가진 이야기는, 우리들에게 있어서 정의상, 자기-현전적self-present인 것일 수가 없고, 바꿔 말하면 그것은 이야기가 아니라, 이야기가 되지 않으면 안 되는 이야기인 것이다.*

여기에는 펠먼의 가장 중요한 사고가 응축되어 있다.

왜 여자는 자서전을 쓸 수 없는가.

그것은 '나는'이라고 말을 꺼내는 여성들조차도, 결국은 여성을 '대상물로서 '타자로서' 바라보는 남자의 입장에 의제적으로 동일화하고 있고, 남자들의 '목소리'를 빌려 말하고 있기 때문이다. 그렇다면 여자인 화자가 '자서전'을 말하기 위해서

---

* Felman, op. cit., p.14

는 우선 '목소리' 그 자체를 획득하는 것에서부터 시작하지 않으면 안 될 것이다. 하지만 그 '목소리'란 건 어떤 것이고, 또 어떻게 해야 획득되는 것일까?

이 질문은 '여성은 자신을 주어로 해서 말하는 언어를 갖고 있지 않다'라는 전제에서 출발하고 있다(당연하게도 바로 '갖고 있지 않다'는 것 때문에 '획득'이라는 목표가 내걸리는 것이다). 그러나 이 전제는 느닷없이 수습할 도리가 없는 아포리아에 봉착하게 된다.

그것은 '그렇다면, "주어를 갖고 있지 않다"라든가 "획득한다"든가 하는 문장을 실제 말하고 있는 주어는 누구인가?'라는 질문에 답할 수가 없기 때문이다.

'나는 "나는"이라고 말하는 주어를 갖고 있지 않다'라는 문장은 누구라도 알 수 있는 논리의 모순이다. 그 문장의 화자는 '이미 당신은 "나"라고 하는 주어를 갖고 있지 않은가'라는 반문에 답할 수가 없다.

'그게 아니라, 이 "나"는 의제적으로 남성화된 여성에게 사용하는 것이 허락된 거짓 "주어"이고, "여성의 진정한 목소리"는 아니다'라는 변명이 이어질지 모른다. 하지만 그럼에도, '그런 식으로 자기가 발화發話한 것의 소외적 상황에 관하여 기술記述적으로 자기 언급을 행하고 있는 당신은 누구인가?'라는 질문으로부터는 벗어날 수 없다.

이 어려운 질문에는 누구도 대답할 수 없다.

펠먼은 분명히 문제의 소재를 정확히 언급하고 있다. 그러나 그녀가 공정성fairness을 결여하고 있는 것은, 이 난문에는 '누구도 대답할 수 없다'는 것을 누락시키고, 이 난문에 직면해 있는 것은 '여성뿐'이고, 남성은 이 난문으로부터 면제되었다고 언외에 말하고 있다는 점이다. 펠먼이 말하는 '우리'로부터 남성은 배제되어 있다. 따라서 부주의한 독자는 남성은 이 난문에서 벗어나 있고, 자기 자신을 주체로서 자리 매김하고, 자기 자신과 완전히 동일화된, 자기-현전적인 이야기를 소유하고 있다는 식으로 읽어 버릴 것이다. 펠먼은 그런 것을 확실히 쓰지는 않았다. 그러나 독자가 그렇게 믿는 것을 제지하려 하지는 않는다. 나는 이것이 공정한 글쓰기는 아니라고 생각한다.

우리는 이렇게 써야 하는 것이다.

'**우리** 안에, 지금까지 그 말의 엄밀한 의미에서 "자서전"을 쓴 인간은 한 사람도 없다. **우리**는 자기 자신을 대상화해서 바라보고, "타자"로서 자리매김하도록 훈육되었고, 자기 자신으로부터 소외되어 있다. 따라서 **우리**가 가진 이야기는, **우리**에게 있어서 정의상, 자기-현전적인 것일 수가 없는 것이고, 바꿔 말하면, 그것은 이야기가 아니라, 이야기가 되지 않으면 안 되는 이야기인 것이다.'

나는 이 명제에 백 퍼센트 찬성한다. 나 자신도 그 말의 엄밀한 의미에서 '자서전'을 쓴 일이 없고, 향후에도 쓸 수 없을 것이다. 남녀를 불문하고, 누군가가 엄밀한 의미에서의 '자서전'을 쓰는 것에 성공한 사례를 나는 알지 못한다. 또한 나는, 자기 자신으로부터의 소외라는 것이 인간의 본래적인 소외의 양태라는 것을 받아들인다. 따라서 내가 자기 자신에 관해서 말하는 이야기는 전부 '지어낸 이야기'이다. 나는 그것을 '타자로부터의 승인'을 얻기 위해 끝없이 계속해서 이야기를 할 것이다.

여성인 펠먼의 '나'는 완전히 남성인 '나'로 치환하는 것이 가능하다. 여기에서 펠먼이 여성 주체와 언어의 '괴리'에 관하여 말한 것은, 우리 모두에게 있어서 '상식'이기 때문이다.

나와 언어의 괴리

결국, 우리는 다시 같은 이야기를 문제 삼게 된다.

그것도 어쩔 수 없다. 근원적인 난문難問을 다룰 경우에는, '그것보다 앞'으로 나아갈 수 없고, 단지 같은 질문을 반복하면서 제자리로 돌아와, 똑같은 난문에 밑줄을 치는 것밖에는 할 수 없기 때문이다.

언어와 주체에 관련된 문제들의 윤곽이 정리된 것은, 19세기 말부터 20세기 초에 걸쳐서 벌어졌다. 마르크스, 니체, 프로이트, 그리고 소쉬르가, 우리는—남성이든 여성이든—누구하나, 자신이 조작하는 언어의 '주인'이 아니라, 오히려 언어쪽이 우리의 '주인'이라는 것을 가르쳐주었다. 이것이 현재, 언어에 관한 어떠한 고찰을 시도할 때에도, 최초로 확인해 놓지 않으면 안 되는 전제적인 이해이다.

텍스트를 쓰는 사람은 미리 자신의 내부에 자존自存하는 '쓰고 싶은 것'을 문장으로 만들어 전달하는 것이 아니다. 자신이 '쓴 것'을 읽고, 자신이 '무엇을 쓰려 했는가'를 아는 것이다. '말하고 싶은 것'은 '말한' 뒤에 소급적으로 그 기원으로 상정되는 것일 뿐, 결코 말한 형태 그대로 끄집어낼 수 있는 것이아니다.

이 언어관은 헤겔의 자기의식론과 같은 논리적 모형母型으로 주조되어 있다. 헤겔은 인간은 그 '노동'을 통해서 자신의 본질을 현재화顯在化해 나가고, 노동에 앞서서 인간의 본질이자체로 존재하는 것은 아니라고 말했다. 이 모형적인 지견知見은 그 이후 거의 모든 사회 이론의 형성에 관여했다.

언어의 자율성에 관해 다른 각도에서 비춰 본 것은, 프로이트파의 사람들이다. 그들도 역시 '말이 되기 전의 정말로 말하고 싶은 것'이라는 이데아주의에 깨끗하게 이별을 고했다. '말이 되기 전의 정말로 말하고 싶은 것'이란, 우리가 말을 꺼낸 뒤에야, '"정말로 말하고 싶은 것"에 언어가 도달하지 않았다'고 하는 '채워지지 않음'을 경유해서밖에는 나타지 않는다. 그 것은, '지금 말하는 것은, 내가 "정말로 말하고 싶은 것"이 아니다'라고 하는 부정문의 형태로, 결핍적으로 지시되는 것 말고는 있을 수 없는 환상적인 소실점인 것이다. 정신분석은 언어와 주체의 관계에 대해서 그러한 지견을 가져다주었다.

표현에 있어서의 '말로 다할 수 없음'은 구조적으로 필연이고, 오히려 결코 '말하고 싶은 것'이 말해질 수 없다는 괴리감이야말로 우리를 언어로 향하게 하는 근본적인 원동력이라고 하는 순역順逆의 전도轉倒를 지적한 것이 자크 라캉이라는 것, 이것도 앞서 말했다.

우리가 말하는 것은 '자신의 내면'이나 '자신의 생각'이 아니다. 우리는 항상 '타자를 향해서/타자를 대신해서pour autre' 말하는 것이다.

예를 들어, 우리는 자신이 경험한 극적인 사건에 관해서는 사건의 세부까지도 생생하게 떠올릴 수 있다. 하지만, 때때로 그 기억의 풍경 속에서 '나 자신'이 비쳐지는 경우가 있다.

내가 그 상황에 있으면서 나의 눈으로 보았던 사건인 이상, 가령 나의 손발의 일부가 시야의 주변으로 들어오는 일은 있어도, 거기에 '나'의 전신이 비쳐지는 일은 있을 수 없다. 그러나 기억을 호출하는 영상에는, 때때로 '나의 바스트 숏'이나 '나의 전신상', 심할 때는 '나의 뒷모습'이 비친다

만약 여기에 비쳐진 것이 '나'라면, '나'를 보고 있는 것은 '누구'의 시선인가, '나'의 모습은 '누구'의 기억에 남은 것인가.

우리가 '자서전'을 말할 때의 주체와 언어의 괴리는, 이 '나'와 '나를 보는 시선, 나를 기억하는 기억'과의 괴리와 비슷하다. '나는 그때 ……을 했다'고 하는 언명에 있어서, 말하고 있는 '나'와 '말해지는 나' 사이에는, 그 순간 이미 뛰어넘기가 불가능한 거리가 생겨난다. '나'가 '나에 관해서' 말할 때 '말하는 나'를 기점으로 잡으면, '말해지는 나'는 '타자'이고, '말해지는 나'를 기점으로 잡으면, '말하고 있는 나'는 '타자'이다.

이것이 '근원적 소외'라고 하는 인간적 상황이다.

분석적 대화는 이 '근원적 소외'라는 인간의 숙명적인 존재 방식을 추력推力으로 해서 진행된다.

오해하기 쉬운 대목인데, 분석적 대화는 피분석자가 '정말로 체험한 일'이나 '정말로 생각하고 있는 것'을 찾아내기 위해서 행해지는 것이 아니다. 아무리 언어를 동원해도, 자신 안에 있으며 기호의 생성을 촉구하고 있는 '말에 의해 묻혀 있는 것을 갈망하고 있는 결락감' 그 자체에 결코 언어는 닿지 않는다. 그러나 '말이 닿지 않는 무언가가 거기에 있다'고 하는 확신은,

피분석자를 침묵과 커뮤니케이션의 단념이 아니라, 오히려 '청자聽者'를 지향하는 발언으로, 그리고 대화로 몰아낸다. 피분석자는 전력을 기울여, 자신에 관하여 말하지만 결국은 항상 '타자'에 관하여 말하고 있는 것이다. 우리가 자신에 관하여 말하는 '정말로 말하고 싶은 것'은 '점근선漸近線적으로밖에는 주체의 생성에 합치할 수가 없는'* 것이다.

그렇다고 해서, 어느 정도 '점근선'적인 접근에 지나지 않더라도, '나'에 관하여 집요하게 계속해서 말을 함으로써, '나에 관한 이야기' 속에서의 '등장인물로서의 나'는 점차로 두께와 깊이를 늘려 나간다. 이 '등장인물로서의 나'의 실체reality는 청자인 분석자에게 되풀이해서 승인받은 것의 결과이다.

'나'의 실체는 결국은 '타자에 의한 지속적 승인'에 의해서만 지탱될 수 있다. 나 자신의 실재의 자명성이 나 자신에게 '자기-현전'해서 '나'의 실체가 직관적으로 확증된다고 하는 행복한 일은 인간의 몸에는 결코 일어나지 않는다.

미국 영화 〈메멘토〉(크리스토퍼 놀란, 2002)는 10분마다 기억이 소실되는 남자 레너드를 둘러싼 이야기인데, 이것은 인간의

---

* Lacan, Le stade du miroir comme formateur de la fonction du Je, in *Ecrits* Ⅰ, p.91

기억과 주체의 구조를 멋지게 우화화했다.

레너드는 10분마다 과거 10분 동안의 기억을 잃는다. 그는 인격과 행동의 일관성을 유지하기 위해, 10분 동안 얻은 정보와 경험을 폴라로이드 사진과 '메모'에 의해 '다음 10분 동안의 나'에게 패스한다. 레너드의 아이덴티티는 이 두 개의 기록과, 그의 앞에 나타나는 사람들이 말하는 '그와의 지금까지 있었던 일의 경위'라고 하는 '외부 기억'에만 의존해 유지된다.

그러나 이윽고 사람들은 '그와의 지금까지 있었던 일의 경위'에 관해 아무리 거짓말을 해도 레너드에게는 진위를 판정할 능력이 없다는 것을 깨닫고, 다양한 거짓말로 그의 행동을 지배하려 하기 시작한다. 그리고 결국 레너드 자신도 '메모'에 거짓말을 적어 남겨, '다음 10분 동안의 나'를 속이려 한다는 것을 알아차린다……

영화는 레너드가 '다음 10분 동안의 나'에게 진실을 알리는 것보다, '다음 10분 동안의 나'에게 거짓말을 하는 편이 '나'의 아이덴티티를 유지하는 데 유리하고, 좀 더 '살기 쉽다'고 판단해서, '자신에 관한 이야기'의 **위조에 자진해서 가담하는** 것을 결단하는 장면에서 끝난다.

'나가 나라는 것의 자명성', '나의 나를 향한 자기-현전'이라고 하는 견고한 기반을 어디에서도 발견할 수 없을 때, 인간은 '타자를 향해/타자를 대신해' 이야기를 말하게 된다. 〈메멘토〉

가 알려주는 대로, '나'란 그때 '나의 신체를 대신해 나라는 주어를 받아들여준' 바로 그 타자와 다르지 않다.

'나'의 아이덴티티를 유지하는 것이 '진실을 말하는' 것보다도 우선순위가 높은 과제라고 하면, 우리는 기꺼이 거짓말을 할 것이다. 그것은 성차性差에 관계없이, 모든 인간이 매일의 일상에서 행하고 있는 당연한 일인 것이다.

트라우마

펠먼은 여성의 자서전은 그 트라우마를 말한다고 썼다.

프로이트가 가르쳐준 것처럼, 트라우마란 '나'의 아이덴티티의 기원에 존재하는 경험이면서, '나'를 주어로 해서는 결코 언어화할 수 없는 경험을 말한다.

착각하고 있는 사람이 많은데, 그것은 무의식의 영역에 비집고 들어가 있는 '불편한 진실'을 말하는 것이 아니다. 트라우마란 그 '불편한 진실'을 의식화할 수 없다고 하는 바로 그 사실이 '나'의 아이덴티티를 기초 짓고 있는 상황을 말한다.

'모르는 게 부처'*라고 말할 때의 '부처'의 아이덴티티는 '있었던 사실'에 관한 '무지'에 기초해 있다. 따라서 그가 '부처'인한, 그는 '있었던 사실'을 회상하거나, 기술하거나 할 수 없다.

'부처'가 '있었던 사실'을 알았을 때는, 그는 이미 '부처'가 아니고, 다른 어떤 존재가 되어 있을 것이기 때문이다.

트라우마란 '그것을 언어화할 수 없다는 사실이 나를 나답게 만들고 있는 경험'을 말한다.

펠먼에 의하면 '모든 여성의 인생은 명시적이든 암시적이든, 트라우마의 이야기를 포함하고 있다.'[**]

확실히, 여성이 '남성으로서' 말하는 것 외에는 언어를 사용할 수 없는 이상, '여성으로서' 삶에서 겪었던 경험(그러한 것이 만약 존재한다면)은 원리적으로 언어화할 수 없다. 그 경험은 기억의 공적 영역에 자리매김 될 수 없는 사건으로서, 자기사自己史 속에 적어 넣을 수 없는 사건으로서, '나의 정사正史'로부터 구조적으로 배제되어 있다. 그로 인해, 여성이 말하는 자서전은, '(부분적인) 기억 상실의 이야기, 텍스트 속에 명확하게 현전해 있기는 하지만, 그것을 쓰는 행위가 글쓴이의 의식과 일치하지 않는 이야기',[***] 즉 다름 아닌 '트라우마'의 이야기인 것이다. 기억으로부터 배제된 사건이 사라진 것은 아니다. 그것

---

* '모르는 게 약'이라는 우리 속담과 비슷한 뜻으로, 주변 사람들은 모두 아는데 당사자만 모른다는 뉘앙스가 있다. – 옮긴이

** Felman, op. cit., p.16

*** Ibid.

은 바로 '기억으로부터 배제되었다'고 하는 원原사실로 인해, 이야기될 것을 강하게 요구하기 때문이다. 트라우마적 경험은 이야기로서 소생한다. 트라우마가 이야기로서 다시 살아나기 위해서는, 정신분석적 대화에서의 분석가와 마찬가지로, '이야기'의 청자가 필요한 것이다.

트라우마는 떠올릴 수 없는 기억이고, 그로 인해 '고백'하는 것도 불가능하다. 트라우마는 승인되지 않으면 안 된다. 그것은 화자와 청자가, 말하는 주체가 소유하고 있지 않은 것, 소유할 수 없는 것을 탈환하기 위해서 함께 투쟁하는 것을 통해서 성취된다. 모든 여성적 존재자가 사실상 트라우마를 겪은 존재인 이상, 여성의 자서전은 고백이 되는 것이 불가능하다. 그것은 여성이 살아남았다는 것의 증언이 될 수밖에 없는 것이다.*

프로이트가 트라우마에 관하여 말한 가장 중요한 탁견을 떠올려 보자. 그것은 트라우마란 그것이 '무엇인가'가 결국 알려지지는 않지만, 공동적인 '이야기'에 의해 치유될 수 있다는 것이다.

---

* Ibid.

프로이트는 히스테리 환자와의 면담을 통해, 그녀들이 유아기에 부친으로부터의 '유혹'이라는 형태로 성적 공격을 받았고, 그 '억압된 기억'이 증후症候의 원인이 되었다는 것을 '발견'했다. 그리고 1893년에 그 '유혹 이론'을 빈의 학회에서 발표했다. 그리고 나중이 되어서, 프로이트는 그녀들이 '고백'한 성적 경험이 '사실'이 아니지 않았을까 하고 생각하게 되었다.

　　나의 거의 모든 여성 환자는 자신은 예전에 부친으로부터 유혹 받은 적이 있다고 나한테 말했다. 나도 결국에는, 이러한 보고는 진실이 아니라는 것을 깨닫지 않을 수 없었다. 그리고 히스테리 증상이 공상空想에서 유래한 것이고, 현실의 사건에서 유래한 것은 아니라는 것을 깨달았다.[*]

　그러나, 유혹 이론에 있어서 가장 중요한 사실은 '거짓 기억'을 환자에게 상기시키고 그것을 언어화시키고 환자와 프로이트가 그 '이야기'를 공유하는 것에 의해 그녀들의 증상이 완화되었다고 하는 사실이다. '거짓 기억'이고 '공상'이었음에도, 그 '기억'을 언어화해서, 그것이 분석가에게 승인되었을 때, 그

---

[*] 프로이트, 『정신분석 입문』

녀들을 괴롭혔던 병의 고통은 치유되었던 것이다.

이때 프로이트는 그녀들의 안에 있지만 아무리 해도 떠올릴 수가 없어, '거짓 기억'을 통해서 말하는 것 외에는 지목할 수 있는 방법이 없었지만, 그럼에도 불구하고 프로이트와 환자가 공동으로 구축한 '이야기'에 의해 치유되는 상처가 있다는 것을 알게 되었다. 그리고 그것을 '외상外傷, Trauma'이라고 명명한 것이다.

'여성의 자서전'은 '트라우마'의 이야기가 되지 않을 수 없다는 것은 그러한 의미이다.

'여성으로서' 경험했던 것을 언어화하기 위한 언어를 여성은 갖고 있지 않다. 무언가가 경험되었지만, 그것은 매번 '거짓 기억'으로서 우회적으로밖에는 말해지지 않는다. 그러한 '이야기'가 말해지기 위해서는, 그것을 승인하고, 그것을 향수享受하고, 그것을 이야기로 이어갈 타자가 등장하지 않으면 안 된다.

사람들은 그녀들의 이야기를(그녀들이 알 수 없고, 말하는 것도 불가능한 이야기를), 타자의 이야기를 통해 말한다는 것이다.*

* Felman, op. cit., p.18

정신분석의 실천에 있어서 프로이트가 발견한 것은, 분석가의 일이 '스스로의 입으로는 말할 수 없는' 환자를 위해 '타인의 이야기'를 제공하는 것이라는 사실이다. 히스테리 환자는 분석가와 '타인의 이야기'를 공유하는 것을 통해 비로소 트라우마에 관하여 말할 수 있었다. 트라우마는 언제나 '타인의 이야기'이고, 결코 거기에서는 '자신에 관한 이야기'는 말해지지 않는다. 트라우마는 '타인의 이야기'를 작동하게 하고, 거기에서 숨을 거둔다.

따라서 '여성의 자서전'을 말한다는 것은, '살아남은 것의 증언'이고, 바꿔 말하면 '한 번은 죽었던 것에 관한 증언'이다. 그것은 '삶과 죽음을—죽어가는 것을—동시에 증언한다.'* 따라서 '"여성의 죽음을 쓴다"고 하는 폭력적이고 역설적인 어려움은 "여성의 삶을 쓴다"고 하는 페미니스트적 시도의 일부가 되는 것이다.'** '거짓 기억'을 이야기하고, 그 '증언'을 타자에게 승인받는 것 외에, 트라우마를 받은 존재가 살아남을 길은 없다.

이 펠먼의 말은 우리에게 모리스 블랑쇼의 인상적인 한 구절을 떠올리게 한다.

---

* Ibid., p.16
** Ibid.

신을 본 자는 죽는다. 언어 속에서 언어에 생명을 부여한 자는 죽는다. 언어란 그 죽음의 생명이다. 그것은 '죽음을 가져오고, 죽음 안에 간직된 생명'인 것이다. 경탄할 만한 힘. 무언가가 거기에 있었다. 그리고 지금은 이미 없다. 무언가가 사라졌다.*

'언어에 생명을 부여하고', 언어에 생명을 부여한 후 '죽고', '사라진' 것, 그것을 펠먼과 프로이트는 '트라우마'라고 부른다. 무언가가 언어에 생명을 부여하고, 그 대상代償으로써 언어 속에서 죽는다. 우리는 그 '무언가'를, 살아 있는 형태로는 결코 만져 보는 것이 불가능하다. 그것은 사라짐으로써 비로소 '무언가가 있었다'는 것을 사후적으로 회상하게 만드는 '흔적'이기 때문이다. 필시 그것이야말로 언어의, 혹은 '이야기'의 본래의 기능인 것이다.

언어는 (통속적으로 이해되는 것처럼) '거기에 없었던 것'을 거기에 출현하게 만드는 마법이 아니다. 그것이 아니라 '그것은 사라졌다'는 사실에 의해 거기에 있었던 무언가를 결여적으로 지시하는 마법인 것이다. '나는 결국 나에 관하여 충분히 말할 수 없었다'고 하는 불능의 고백에 의해 비로소 '충분히 말해지

---

* Blanchot, La Littérature et le droit à la mort, p.316

기를 절실히 바라고 있는 나'라고 하는 '공허'가 기능하기 시작하는 것이다.

'떠올릴 수 없는 기억', 한 번도 화자에 의해 '현전으로서' 살아진 적이 없는 경험, 즉 '트라우마'는 언어화됨으로써 '죽는다'. 그러나 그러한 죽음을 통해서 획득된 '증언'을, 집단적으로 그 이야기를 이어감으로써 언어에 생명을 부여하고 숨이 끊어진 '트라우마'에 관하여 계속해서 말하는 것이 가능한 것이다.

나의 생성

자크 라캉은 이렇게 썼다.

언어 활동의 기능은, 정보를 전달하는 것에 있지 않다. 떠올리게 하는 것이다. 내가 언어를 계속해서 이야기하면서 구하는 것은 타자로부터의 응답이다. 나를 주체로 해서 구성하는 것은, 나의 질문이다. 나를 타자에게 인지시키기 위해서는, 내가 '예전에 있었던 일'을 '지금부터 일어날 일'을 목표로 해서 말하는 것 말고는 달리 방법이 없다.[*]

이것은 펠먼의 다음의 말과 거의 같은 것을 말하고 있다.

우리가 가진 이야기는, 우리에게 있어서는 정의상, 자기-현전적인 것일 수는 없는 것이고, 바꿔 말하면 그것은 이야기인 것이 아니라, 이야기가 되지 않으면 안 되는 이야기a story that is not a story but must be a story인 것이다.**

문제는 '실제로 무슨 일이 일어났는가'를 엄밀하게 떠올리고, 재현전하는 것이 아니다. 그것이 아니라 이야기를 말하는 것을 통해, 이야기를 말하고 있는 주체로서의 '나'를 지금, 여기에서 생성해 나가는 것이다.

다시 한 번 라캉을 인용하자.

나는 언어 활동을 통해서 자기 동정同定을 완수한다. 그와 동시에, 대상으로서는 모습을 지운다. 내가 말하는 역사＝이야기 속에서 형태를 띠고 있는 것은, 실제로 있었던 것을 말하는 단순 과

---

* Lacan, Fonction de champ de la parole et du langage en psychanalyse, op. cit., p.181
** Felman, op. cit., p.17

거형이 아니다. 그런 것은 이미 존재하지 않는다. 지금 현재의 내 안에 일어난 것을 말하는 복합과거형조차도 아니다. 역사＝이야 기의 안에서 실현되는 것은, 내가 되어가려 하는 그것에, 미래의 어느 시점에 있어서 이미 이루어진 것으로서 말하는 전미래형인 것이다.[*]

내가 어떠한 존재인가, 그것은 '내가 말하는 역사＝이야기 histoire' 안에서, 말하고 있는 '나'가 지금 바야흐로 '그것이 되 어 가고 있는 존재'이다. '나의 과거'는 매번 항상 '전미래형'으 로 말해지는 것이다.

펠먼은 이렇게 썼다.

나는 나의 자서전을 결여하고 있는 존재로서 고백하는 것은 할 수 없다. 하지만, 나는 그 증인이 되는 것은 할 수 있다. 나는 나의 이야기를 쓰는 것은 할 수 없다(나는 나 자신의 자서전을 소유하 고 있지 않기 때문이다). 하지만 나는 '타자' 안에서/'타자'를 경 유해서라면in the Other 그것을 읽을 수 있다.[**]

---

[*] Lacan, op. p.181

[**] Felman, op. p.17

나는 펠먼의 이 말에 전폭적으로 동의할 수 있다. 우리가 우리의 자서전을 말할 때의 본연의 자세를 그녀가 정확히 말하고 있기 때문이다. 유일한 문제는 그녀의 통찰이 **모든 인간에 관해서 타당하다**는 사실이다. 그것이 여성에 관해서만 일어날 수 있는 특수한 사례이고, 남성인 글쓴이에게는 결코 일어나지 않는다는 사실의 논증에 펠먼은 조금의 흥미도 보이지 않는다. 나로서는 그 이유를 알 수 없다.

프로이트도 블랑쇼도 라캉도 레비나스도, 내가 그 지성에 경의를 표해야 할 사상가들은, 인간의 기억과 언어와 주체의 본연의 모습에 관하여, 펠먼과 거의 차이가 없는 말을 썼다. 남성에 있어서도, '나'라는 주어가 생생하게 실존의 두터움을 동반하고 '자기-현전'한다는 것은 있을 수 없다. '근원적 소외'는 여성에 국한되지 않은, 인간의 숙명이기 때문이다. 그런 말을 내가 여기서 다시 반복할 필요는 없을 것이다. 인간의 숙명인 한, 그것이 '여성인 글쓴이'에 타당한 것은 당연한 일이다. 하지만, 왜, 그것과 같은 일이 '남성인 글쓴이'에게도 경험되고 있지 않은가라는 초보적인 의문이, 펠먼처럼 탁월한 지성에 있어서도 주제적으로 의식되지 않는 걸까. 나는 그것이 이상하다.

끝나지 않을 젠더 트러블

페미니스트들이 여성의 숙명에 관하여 말할 때, 그 통찰이 심원하면 심원할수록 그 통찰은 남성도 포함한 인간 그 자체의 숙명에도 타당하다. 그것은 생각해보면 이상할 게 없는 일이다. 남성도 여성도 양쪽 다 성 질서라고 하는 감옥의 수인囚人이라고 하는 원原사실에 비한다면, 감옥의 형태나 기능의 차이는 거의 논의할 만한 주제에는 미치지 못하기 때문이다.

따라서 페미니스트들이 '감옥의 형태나 기능의 차이'를 주제로 논하는 한, 그 개선에 대한 제안은 구체적이었고 실효적이었다. 하지만 어느새 '감옥의 바깥'에 관해 말하기 시작한 데서 페미니스트들의 논리의 톱니바퀴는 어긋나기 시작한 것처럼 생각된다.

성 질서라고 하는 감옥에 '외부'는 존재하지 않기 때문이다.

성 질서에 국한되지 않고, 우리는 온갖 사회 제도의 포로이다. 경제는 우리에게 항상 화폐에 관하여 생각할 것을 요구하고, 언어는 우리에게 항상 '언어로 제대로 말할 수 없는 것'에 관하여 생각할 것을 요구하고, 성 질서는 우리에게 항상 성에 관하여 생각할 것을 요구한다.

페미니스트들이 성에 관하여 방대한 양의 언설을 생산하고, 거기에 응해, 예를 들면 내가 지금 이러한 책을 쓰고 있는 것은 성 질서가 더할 나위 없이 잘 기능하고 있다는 뚜렷한 징후인 것이다.

성 질서라고 하는 감옥에 있어서는, 성차에 상관없이, 누구에게도 주체성이나 자유는 인정되지 않는다. 그 안에서 '나는 자유다'라고 생각하는 개체는 대개의 경우 감옥을 너무도 깊이 내면화하고 있어서 감옥의 존재를 알아차리지 못하고 있을 뿐이다.

주디스 버틀러는 쥘리아 크리스테바의 '모친의 신체'론을 비판한 글 속에서 이렇게 쓰고 있다.

크리스테바는 모친의 신체를, 문화에 선행하는 일련의 의미를 짊어진 것으로서 기술하고, 그것에 의해 문화를 부성적인 구조로 간주하는 시각에 가담해, 모성을 본질적으로 前 - 문화적인 현실에 감금해버리고 있다. 그 결과, 모친의 신체에 관하여 이 자연주의적인 기술은, '모성을 물상화해버려, 모성이 문화에 의해 구축된 것이고, 가변적인 것이라고 간주하는 분석을 미리 봉쇄해버리는 것이다. (……)前 - 언설적인 모친의 신체 안에서 발견했다고 크리스테바가 주장하고 있는 것이, 사실은 특정 시대의 언설에 의해 생산된 생산물에 지나지 않고, 문화의 숨겨진 일차적 원인 같은 게 아니라, 문화의 **결과**에 지나지 않는 게 아닌가 하는 점에 대하여 생각해보자.[*]

버틀러가 올바르게 지적하고 있는 대로, '억압되고 있는 존재'는 억압적인 질서의 구조를 '억압하고 있는 존재'보다도 잘 알고 있다는 것은 사실이 아니다. 그것은 '어떤 게임에서 계속 지기만 하는 인간은, 계속해서 이기고 있는 인간보다도 게임의 룰을 잘 알고 있다'고 하는 명제가 사실이 아닌 것과 마찬가지다. 하지만 억압된 존재의 해방을 추구하는 사회 이론은 때때로 이런 잘못을 범한다. 그 점에 관하여 버틀러는 이렇게 쓰고 있다.

여성적인 것을 억압하기 위해서는, 억압 행위와 억압 대상이 별개의 존재일 필요가 없다. 실제로 억압은, 그것이 부정하는 것이 되는 대상을, 생산한다고 생각하는 편이 낫다. (……)부친의 법의 구속으로부터 자유로워야 할 여성의 신체는, 실은 그 법의 다른 형태의 구상화에 지나지 않고, 교란적임과 동시에, 그 법의 자기 확대와 증식에 공헌하는 것이라고 간주하는 게 적절할 것이다.**

나는 버틀러의 이 생각에는 동의할 수 있다. 그러나 여기에

---

* 주디스 버틀러, 『젠더 트러블』
** 같은 책

이어지는 다음과 같은 주장에는 가벼운 마음으로 동의할 수 없다.

　피억압자의 이름으로 억압자를 해방하는 것을 피하기 위해서, 법의 복잡함이나 교묘함을 완전히 파악해서, 법 저편의 진정한 신체라고 하는 환상으로부터 탈피하는 것이 필요한 것이다. 만약 교란이 가능하다고 하면, 그것은 법의 차원 안에서의 교란이고, 법이 법 자체에 도전해, 그 자신이 예상하지 않은 조합을 엄청나게 생산할 가능성을 통해서인 것이다. 그때 문화에 의해 구축된 신체는 '자연적인' 과거나 원시적인 쾌락을 향해서가 아니라, 문화의 가능성이라고 하는 열린 미래를 향해, 풀려져 놓이게 될 것이다.[*]

　'부친의 법'이란 '성차가 존재한다', '기호가 존재한다'고 하는 사태를 말한다.

　법은 all or nothing이라는 형태로밖에는 존재하지 않는다. 법은 이미 기능하고 있거나 전혀 기능하지 않거나 둘 중의 하나이고, 법이 전혀 기능하지 않고 있는 장場에서는 '법'이라는 개념이 존재하지 않고, 물론 법에 의한 억압 행위도 억압 대상

---

* 같은 책

도 존재하지 않는다.

인간이 그 기원을 알 수 없는 모든 제도(친족, 언어, 화폐 등)에 관하여, 우리는 '제도의 바로 전'이나 '제도의 저편'을 상상할 수 없다.

화폐는 이미 화폐라는 것을 근거로 해서 기능하고 있고, 화폐는 화폐인가, 제로인가 배중적排中的적으로 둘 중 하나이고, '반은 화폐이고 반은 종이쪼가리'라는 식의 것은(중앙은행의 신용이 하락해서, 화폐가 화폐가 아니게 되어 가는 과정에서 일시적으로 출현하는 것 외에는) 존재하지 않는다.

언어 기호도 기호로서 인지되었을 때 기호이고 기호로서 인지되지 않을 때는 기호가 아니다. 일부에 문자가 기록되어 있고, 일부는 결락되어 있는 고문서를 읽는 사람은, 반드시 그 '결락'이 있는 부분에 어떠한 문자를 보전補塡해서 읽으려 한다. 기호의 결락을 '여기에는 기호가 결락되어 있다'고 감지하는 것은 이미 기호 시스템을 내면화한 존재밖에는 할 수 없는 일인 것이다.

성차의 실정도 화폐나 기호와 다르지 않다. 성차는 이미 성화된 존재에 의해서만 인식되는 것이고, '성 질서의 외부에 있으면서, 성화와 무관한 시점에서 본 성 질서'라는 것은 정의상 존재하지 않는다. 남성과 여성이라고 하는 일항적 대비는 남성과 여성을 차이화한 것에서 출현한 것이고, 성차의 외부에는 남성도 여성도 존재하지 않는다.

질서가 억압의 효과인 이상, 성 질서에 있어서도 역시 억압은 활발하게 기능하고 있을 테지만, 억압 행위와 억압 대상은 '같은 바탕'으로 만들어져 있다. 따라서 억압의 주체이든 대상이든, 이미 성화된 인간은 성화의 구조에 관하여 객관적으로 기술하는 게 불가능하다.

버틀러는 '법의 복잡함이나 교묘함을 완전히 파악해서, 법저편의 진정한 신체라고 하는 환상으로부터 탈피하는 것이 필요한 것이다'라고 말끔하게 썼지만, 나는 이러한 표현을 간단히 읽어 넘길 수 없다. 왜냐하면 '복잡함'이나 '교묘함'이나 '완전히'나 '파악한다'고 하는, 지금 막 버틀러가 여기에서 사용한 말들은 그 자체가 **모두 법의 용어**이기 때문이다. '복잡함'은 '간단함'의, '교묘함'은 '졸렬함'의, '완전함'은 '불완전함'의, '파악'은 '일실逸失'과의 이항대립 안에서밖에는 의미를 가지지 않는다. 그리고 '부친의 법'이란 **이항대립 안에서밖에 의미가 생성되지 않는다고 하는 상황 그 자체**를 말하기 때문이다.

버틀러가 여기에서 쓴 것은 '좋고 나쁨의 이원론으로 뭐든 정리해 버리는 것은 좋지 않다'고 하는 조크와 약간 비슷하다.

확실히 버틀러가 '나쁜 질서' 대 '좋은 반란자'라고 하는 단순한 이항관계로 성차의 문제를 논하는 것을 회피하려고 노력하고 있다는 사실을 나는 인정한다. 하지만 '남성의 패권과 이

성애 권력을 받치고 있는 자연화되고 물상화된 젠더 개념', '젠더를 현재의 위치에 묶어 놓으려는 사회에서 구축된 카테고리'를 '유동화시키고, 교란시키고, 혼란시키고, 증식시키는 것에 의해 젠더 트러블을 계속해서 일으켜 나가려 한다'*고 하는 이해하기 쉬운 표현으로 그 전략을 말하고자 하는 유혹에 굴복할 때, 버틀러는 '교란'이나 '증식'이나 '유동화'라고 하는, '질서'나 '감축'이나 '석화石化'라고 하는 대립 개념 없이는 의미를 갖기 어려운 말에 어느새 기대고 마는 것이다.

이항대립으로밖에 의미를 생성시키는 것이 불가능하다는 것은 인간에게 각인된 유적類的 저주이기 때문에, 버틀러가 그 각인을 받고 있다는 것은 조금도 잘못이라고 할 수는 없다. 어떠한 현자賢者라 해도, 이항대립 이외의 방법으로는 정보를 전달하는 것이 불가능하기 때문이다. 하지만 그러한 '제도 내적인 사고'를 구조적으로 강제받고 있기 때문에, 우리는 자신이 하고 있는 것이 '질서에 대한 이의 신청'인지 '질서의 재생산'인지를 적절하게 판정하는 것은 불가능하다는 사실을 잊지 않는 게 좋을 것이다. 그리고, **대개의 경우 우리는 질서에 대한 이의 신청을 하고 있다고 생각하면서 질서의 재생산을 하고 있다는 것이**

---

* 같은 책

다.

그 기원이 알려져 있지 않고, 그것을 구축한 주체를 특정할 수 없는 제도에 관해서는, 우리는 그 제도를 고치고 없애거나, 이의 신청을 하거나, 괴란壊亂시키거나 할 수 없다. 우리에게 가능한 것은 제도를 증식시키는 것뿐이다.

화폐에 관하여 우리가 할 수 있는 것이 화폐의 다양화뿐인 것처럼, 언어 기호에 관하여 우리가 할 수 있는 것이 기호의 다양화뿐인 것처럼, 성 질서에 대하여 우리가 할 수 있는 것은, 성적 일탈과 성적 욕망의 양태를 가능한 한 다형적이고 복잡 기괴한 것으로 해서, 그것에 관하여, 그 유래에 관하여, 그 병태病態에 관하여, 그 치료법에 관하여, 그 효용에 관하여, 그 폐해에 관하여, 그 정치적 올바름에 관하여, 가능한 한 많이 말하는 것뿐이다. 성에 관하여 가능한 한 많이 말하는 것. 그것은 질서의 괴란도 아니고, 질서의 개량도 아니다. 그것은 **성 질서의 증식**이다.

푸코가 말한 것처럼, 성에 관하여 우리가 가능한 한 많이 말하려 하는 것은 '성과 관련된 언설을 생산하는 장치, 점점 더 많은 언설을 만들어내는 장치'*에 우리가 편성되어 있어서, 그렇게 하는 것을 제도적으로 강제받고 있기 때문이다.

'성 질서에 관하여 지금까지 누구도 쓰지 않은 듯한 것'을 쓰면, 책이 팔리고, 지적 위계제의 상위에 랭크되고, 사람들로부터 존중받기 때문에, 우리는 성 질서에 관하여 질리지도 않고 (이렇게) 계속해서 쓰는 것이다. 성을 주제로 말하는 한, 우리는 모두가(버틀러도 펠먼도 나도) 이 근대적인 '성적 언설 증식 장치' 안에 부품으로서 통합되고 있다는 점에서 다르지 않다.

유감스럽게도, '성에 관하여 말하지 않는다'는 식의 도피로도 우리에게는 허용되지 않는다. 왜냐하면, 어떤 토픽이 '성에 관하여 언급하지 않는' 것을 확인하고 '해결clear'이라고 선언하기 위해서는, '성에 관하여 언급하지 않는 척하면서 사실은 성에 관하여 언급하고 있는 모든 사례'에 관하여 총망라한 리스트를 갖고 있어야 할 필요가 있기 때문이다. 그러한 리스트를 완성시킬 수 있는 인간은 깨어 있는 시간 전부를 '성에 관하여 생각하는 것'에 쓸 수밖에 없을 것이다.

결국, 이러한 것이다. **우리는 성에 관하여 말하든, 말하지 않든, 성에 관하여 말하지 않을 수 없도록 구조화된 존재이다.** 그것이 '성화되어 있다'는 것의 의미이다.

우리가 할 수 있는 것은 기껏해야, '그런 것에도, 이제는 적당히 질려버렸어' 하고 중얼거리는 정도의 일이다. 물론, 그것

---

* Michel Foucault, *Histoire de la sexualité 1, La volonté de savoir*, Gallimard, 1976, p.14

으로 사태는 조금도 호전될 리는 없다. 성 질서는 점점 더 번창하고 성 질서를 '교란시키고, 혼란시키고, 증식시키거나' 하는 모험적인 행위도 점점 더 번창할 것이다. 따라서 그것은 뜨거운 어느 날 '뜨겁네' 하고 말해도 조금도 기온이 내려가지 않는 것과 비슷하다. 하지만, 우리는 그렇게 말하지 않을 수 없는 것이다.

02 페미니즘 영화론

제1장
에이리언 페미니즘 - 욕망의 표상

세계는 책을 매개로 해서 말해지지 않는다면,
그다지 진실미가 넘치는 것은 아닐 것이다.
— 피에르 마슈레

지붕 위의 아기

어느 젊은 부부가 갓 태어난 아기를 아기침대에 눕히고 드라이브에 나섰다. 도중에 차가 과열되어서 부부는 차를 세우고 엔진을 식히기로 했다. 조금이라도 시원하라고 아기를 아기침대째 차 지붕에 올려놓았다. 그러는 동안 부부는 언쟁을 시작했다. 엔진이 식어서, 차가 다시 달리기 시작했는데도 아직 차 안에서는 분노의 고함이 계속 이어졌다. 그러다 문득 두 사람은 조금 전부터 아기가 꽤 얌전하게 있다는 것을 깨달았다……

'친구로부터 들은 진짜 이야기'라며 서두에 깔고 시작되는 이런 종류의 '기담奇譚'을 사회학은 '도시 전설urban legend'이라고 부른다. J. H. 브룬반은 그 도시 전설을 연구하던 중에, 이 '지붕 위의 아기'의 다양한 버전이 미국 전역에 퍼져 있다는 것을 확인했다.*

'지붕 위의 아기'는 젊어서 아기가 생겼기 때문에, 분수에 맞지 않는 사회적 책임을 떠맡게 된 젊은 부부의 마음에 싹튼 불의의 살의를 다루고 있다. 스트레스로 가득한 육아의 한가운데에서 '이 아이만 없었다면……' 하는 악의가 불쑥 찾아온 경험을 한 적이 있는 부모는 적지 않을 것이다. 그러나 그 욕망을 의식화하는 것에는 강한 금기가 작동하고 있다. 욕망이 존재하고 있는데, 윤리나 관습이 그것을 의식해 표현하는 것을 강하게 금지하고 있을 때, 사람은 그 욕망을 우회적으로 표현한 이야기를 필요로 한다. 도시 전설은 그러한 욕망이 요청한 이야기들이다.

이러한 도시 전설은 '완전히 전통적인 민화의 요소—허술하고 지독한 부모, 버려진 아기, 기적적인 구출—로 성립되어 있다. 그리고 훌륭한 민화가 모두 그러하듯이, 우리의 지극히

---

* J. H. 브룬반, 『도베르만에게 뭔 일이 있었는가*The Choking Doberman*』

근원적인 감정을 뒤흔들면서 동시에 어떤 특정 시대, 장소에서의 관심사와 불안을 반영하고 있다'*고 해럴드 셰크터는 쓰고 있다.

  아카데미상 2개 부문에 노미네이트되고, 주연인 매컬리 컬킨을 일약 스타덤에 올린 1990년의 대히트 영화 〈나 홀로 집에Home Alone〉는 크리스마스 휴가 때 파리로 떠나는 대가족이, 막내아들을 깜빡 잊고 집에 놓고 떠나버리는 '의외'의 설정에서 시작하는데, 이 플롯은 사실 '자식 버리기' 민화의 원형을 충실하게 따르고 있다.

  영화의 서두 일찌감치 파리행 비행기 안에서 모친이 '뭔가를 잊어버린 것 같은 느낌이 든다'고 불안에 사로잡혀 있다가, 갑자기 아이를 잊어버리고 왔다는 사실을 떠올리는 장면이 있는데, 이것은 '지붕 위의 아기'의 '아기가 꽤 얌전하게 있다는 것을 깨닫고……'라고 하는 클라이맥스와 이야기의 형태적으로 동일하다.

  '부모가 자식을 버리는' 이야기는 유럽의 많은 민화에서 볼 수 있다.

---

* 해럴드 셰크터, 『몸속의 뱀 − 민담과 대중예술 The Bosom Serpent: Folklore and Popular Art』

로버트 단턴에 의하면, '자식을 버린다고 하는 모티브는 그림 동화의 「엄지 공주」의 농민판에도 그 밖에 다른 민화에도 존재하고, 영아 살해나 유아 학대도 다양한 형태를 띠고 이야기에 등장한다. 때로는 양친이 자식을 쫓아내고, 거지나 도둑으로 만들어 버리는 것도 있다. 양친 자신이 도망쳐, 집에 남겨진 아이들이 동냥질을 하면서 산다고 하는 경우도 있다.'*

　엘리자베트 바댕테르에 의하면, 부모에 의한 (직접적 혹은 간접적인) '자식 살해'는 19세기까지 별다른 양심의 가책 없이 이루어졌다. 예를 들어 18세기 프랑스에서는 모친이 아이를 직접 키우는 관습이 없어 많은 갓난아기는 태어나면 바로 유모에게 맡겨졌다(그 숫자는 1780년의 파리에서는 1년 동안 태어난 2만 1천 명 중에 1만 9천 명에 달했다).** 수양 자식으로 보내진 아이들의 생존율은 낮았지만, 양친의 양육을 받은 아기들도 결코 안전하지 않았다. 거듭해서 교회가 금지 명령을 내렸음에도 불구하고, 어린 아기를 양친과 함께 재우는 관습이 뿌리 깊어서, 그 때문에 유아가 질식사하는 사례가 빈발했고, 위생에 관한 초보적인 주의를 모친도 유모도 조직적으로 태만히 했다. 이것은 '가족 내의 아이의 숫자를 늘리지 않기 위한(……) 방법'이

---

* 로버트 단턴, 『고양이 대학살』
** 엘리자베트 바댕테르, 『모성이라는 신화 *L'Amour en plus*』

었던 게 아닐까 하고 바댕테르는 의문시하고 있다.*

그러나 그림 형제가 민화의 채집을 시작한 19세기 초반 무렵부터, '서로 사랑하는 가족'이라는 근대적인 가족 개념이 정착하기 시작해, '자식을 버리는' 이야기 형型을 직접적으로 straight 표현하는 것에 대해 심리적인 금기가 작동하기 시작했다. 이렇게 해서, '친모'는 '계모'로 바뀌어 쓰였고, '자식 버리기'는 '부모가 의도하지 않고 우연히 지극히 위험한 상태로 아이를 방치하고 마는'이라는 굴절된 이야기 형으로 변형이 이루어지게 되었다. 영화 〈나 홀로 집에〉는 그런 의미에서 「헨젤과 그레텔」의 현대 버전으로서 해석할 수 있다.

셰크터에 의하면, 도시 전설은 두 개의 요소로 이루어져 있다. 하나는 인류 전체에 공통되는 '원형적인 공상' 혹은 '집합적 무의식'이다. 또 하나는 '특정 시대와 장소에서의 관심과 불안'이다.

'원형적 공상'과 '역사적, 장소적으로 조건 지워진 불안'이 연결되어야 비로소 '대중적인' 도시 전설은 성립한다. 그리고, 그러한 도시 전설의 기능은 무엇보다도 대중의 '억압된 욕망'에 '이야기'로서의 표현을 부여하는 것에 있다.

---

* 같은 책

셰크터의 가설에 기반해서 우리가 이하의 글에서 분석을 시도할 도시 전설은 영화 〈에이리언〉 시리즈, 즉 리들리 스콧의 〈에이리언Alien〉(1979), 제임스 캐머런의 〈에이리언 2 Aliens〉, 데이비드 핀처의 〈에이리언 3 Alien3〉이다.*

우리가 주목하는 것은 13년간 세 작품에 걸쳐 이 시리즈를 관통하는 '불변의' 원형적 공상이 아니라, 오히려 영화를 둘러싼 사회적 감성의 '변화'이다.

〈에이리언〉 시리즈를 구성하고 있는 원형적 공상은 '몸속의 뱀'이라고 하는 고전적 이야기 유형이다. 앞으로 고찰하겠지만, 그 이야기 형型의 의미를 이해하는 것은 어려운 일이 아니다. 그러나 우리의 '근원적인 감정을 뒤흔드는' 그 원형적 이야기 형이 그때그때의 사회적 감수성의 변화에 대응해서, 어떠한 현대적인 공포 이야기로 새로 쓰이고 있는가를 특정하는 것은 그렇게 쉬운 일이 아니다. 셰크터가 말하는 '역사적, 장소적으로 조건 지어진 불안'은 이 〈에이리언〉 사가saga에서는, 미국 여성의 사회적 역할의 변화와 연결되는 형태로 변화를 수행하고 있다고 우리는 생각한다. 우리의 가설은 이 영화가, 1970년

---

* 이 논고를 처음 쓴 것은 1996년이고 장 피에르 주네의 〈에이리언4〉 (1997)는 아직 영화화되지 않았다.

대부터 90년대의 미국의 페미니즘 운동 가운데서 급속하게 그 모습을 변용시켜 가는 여성들과, 급변해 가는 사회에 대해 미국 남성들이 품고 있는 '관심과 불안'을 적확하게 비쳐내고 있다는 것이다. 그리고 이 '관심과 불안'에 의해 배양된 '욕망'이 어떻게 해서 이 피비린내 나는 이야기들 속에서 거듭 회귀하게 되었는지, 그것을 한번 명백하게 밝혀 보려 한다.

몸속의 뱀

'몸속의 뱀'은 세계에 널리 분포한 도시 전설의 원형의 하나이다. 가장 오래된 버전은 16세기까지 거슬러 올라가는 이 전설의 기본적인 플롯은 다음과 같다.

부주의한 행동(뱀의 정액이 묻은 물냉이를 먹는다. 호수에서 수영하고 있을 때 개구리의 알을 삼킨다. 연못가에서 입을 벌리고 낮잠을 잔다)으로 인해 뱀(경우에 따라서는 개구리 도롱농, 도마뱀)이 인간의 몸속으로 들어와 버린다. 뱀은 그대로 몸속에서 성장한다. 그리고 어느 날 음식물의 냄새에 이끌려 식사 중에 목구멍을 기어 올라와 입에서 나온다. 이 마지막 장면은 종종 인간한테 치명적인 피해를 가져다준다.

잘 알려진 변주의 하나 중에 1916년경에 영국에서 널리 퍼졌던 '개구리를 삼킨 여성'의 이야기가 있다. 개구리 알을 삼킨 여성의 위 속에서 개구리가 성장한다. 고통스러워 참기 힘들지만, 개구리가 위에서 돌아다니고 있기 때문에 수술이 불가능하다. 마지막으로 생각다 못해 여성의 혀에 치즈 한 조각을 올려 놓았더니, 개구리가 그 냄새에 이끌려 식도를 기어 올라왔다. 그러나 그로 인해 여성은 질식사하고 만다.

리들리 스콧 감독의 첫 번째 작품 〈에이리언〉의 충격적 장면은 이 고전적 도시 전설을 충실히 모방하고 있다. 우주선 노스트로모 호의 7명의 승조원은 지구로 돌아오는 길에 의미 불명의 신호를 받고 발신지인 별에 들른다. 거기에서 탐험에 나선 승조원들은 낡은 우주선과 화석화된 에이리언과 무수히 많은 알을 발견한다. 한 대원이 알을 조사하려고 몸을 굽히는 순간, 알의 입구가 열리며 안에서 다른 별의 생명체가 튀어나와, 그의 얼굴에 달라붙어 버린다. 도마뱀 꼬리를 가진 게와 비슷한 이 유체(幼體, Face Hugger)는 의식을 잃은 숙주와 함께 우주선으로 들어온다. 페이스 허거는 얼굴에 달라붙은 것만이 아니라, 체내 깊숙이 그 촉수를 삽입해, 산소를 보내는 숙주를 죽이지 않고, 일종의 공생 관계를 만들어 낸다. 선장과 과학 사관이 전기 메스로 떼어내려 하지만, 페이스 허거의 상처로부터 흘러나온 강한 산(酸)에 의해 우주선의 선체 자체가 부식되어, 그 이상 손을 쓰는 게 불가능해진다.

이윽고 페이스 허거는 얼굴에서 자연스럽게 박리剝離되어 말라 죽는다. 대원은 의식을 회복한다. 회복을 축하하는 식사가 시작되고, 그는 엄청난 식욕을 보이는데, 돌연 강렬한 복통 때문에 경련하기 시작한다. 그리고 모두가 단단히 누르고 있는 그의 배를 째고서 제2단계로 형태 변화를 이룬 뱀 모양의 에이리언이 출현해, 튀어나온 피를 뒤집어쓰고 아연해 있는 승조원들을 조소하는 듯이 기성을 발하며 모습을 감춘다.

영화를 본 많은 사람들이 '가장 충격적'인 장면으로 꼽는 이 에피소드는 이처럼 '몸속의 뱀'의 모티프를 그대로 재현하고 있다.

처음에는 '부주의한 행위'('알'에 얼굴을 가까이 댄다)가 있고, 그 결과 '알'이 체내로 들어온다. 수술의 시도는 실패하고, 마지막으로 '음식의 냄새에 이끌려', '뱀'이 출현하고 희생자는 죽는다.

이 원형적인 상상이 무엇을 상징하고 있는가를 추측하는 것은 그다지 어려운 일이 아니다.

체내에 '뱀'의 '알'이 들어와 성장하고, 숙주의 배를 부풀리게 하고, 마지막에는 배를 째고 나와, 숙주를 죽음에 이르게 한다는 이야기의 형은 '뱀'이 정신분석적으로 무엇을 의미하는지를 뒤져보지 않더라도 '임신과 출산'의 메타포라는 것을 쉽게 알 수 있다.

여성의 뜻에 반해(많은 경우 '부주의'에서), 남성이라고 하는 이물異物의 '알'(정액)이 그 체내에 들어온다. 그것은 성장해서, 배를 부풀게 해 모체를 괴롭히고, 결국에는 그녀에게 최초로 폭력적으로 침입했던 '뱀'의 카피를 재생산하게 해 그녀를 '죽인다'.

이 원형 설화는 '생식'이라는 생물학적 숙명 그 자체에 대한 여성의 공포와 혐오를 나타내고 있다. '어머니'란 어떻게 신화적으로 각색하더라도, 결국은 '남성'이 자기 복제를 만들기 위한 '도구'에 지나지 않는다고, 이 이야기는 가르쳐주는 것이다.

생식에 대한 공포와 혐오를 공공연히 드러내고, 남성의 자기 복제의 도구가 되는 것을 거절하는 것이 금지되고 억압될 때, 무의식의 영역에 추방된 욕망은 반드시 '이야기'를 우회해서 '검열의 감시원'의 감시를 빠져나가, 의식의 표층을 향해 회귀해 온다. 그렇게 해서 '몸속의 뱀'의 이야기 형은 탄생했고, 세대를 넘어 계속해서 이야기되어 온 것이다.

리들리 스콧이 전승적인 이야기 형을 의식적으로 채용했는지, 아니면 '무서운 에피소드'를 찾던 도중에 무의식적으로 고전적인 공포담으로 회귀한 것인지 나로서는 판정할 수 없다. 그러나 뛰어난 스토리텔러는 자신의 개인적인 무의식을 집합적 무의식과 합류시키는 재능을 타고난 사람이다. 그 시대의 관객이 보고 싶어 하는 것(그러나 억압되어 있는 것)을 감지하기 위해 필요한 것은, 무의식적인 공감 능력이다. 리들리 스콧이 이 영화에서 영상적으로 동조同調하려고 시도하고, 그리고 그것에 성공한 것은 1970년대 말 미국 사회에서의 성관계와 연관된 집합적 무의식이다.

성관계와 영상

1970년대의 미국 영화에서 두드러지게 나타난 하나의 경향에 관하여, 페미니즘의 입장에서 E. 앤 카플란은 이렇게 쓰고 있다.

70년대가 끝날 무렵이 되어서, 또 하나의 경향이 상업 영화의 주류로 등장했다. 그것은 명백하게 여성을 관객 대상으로 삼고, 페미니즘 운동이 제기한 문제를 다루려고 하는 움직임이다. (……)이러한 영화의 내용을 제공한 것은, 영화를 둘러싼 사회적, 경제적, 문화적인 요인이다. 즉, 여성의 교육이나, 고용 문제를 낳은 현저한 변화, 여성 해방 운동이나 피임 방법의 보급이 가져온 성관계, 성 의식의 변화, 그리고 결혼과 이혼 양태의 변화 등이다. (……)이러한 영화들은 여성의 새로운 존재 방식을 받아들일 준비가 아직 되어 있지 않은 부권제 사회에서, 새로운 역할을 맡기 시작한 여성들이 직면하는 문제, 그녀들의 모순에 가득 찬 요구를 귀 기울여 듣고, 그것을 묘사하려고 했다.*

이러한 페미니스트 지향적인feminist oriented 할리우드 영화에 공통적인 것은, '새로운 여성'들이 당연히 그녀들의 존재를 인정하지 않으려는 '부권제 사회'의 집요한 폭력에 노출된다고 하는 상황 설정이다. 여성의 자립을 저지하려 하는 남성 측으로부터의 잔학한 폭력을 사실적으로 그리는 것은, '부권제 사회'의 추악함을 폭로한다고 하는 '교화적' 효과를 가질 것이다.

1970년대 말의 미국 영화는 '좋은 의미에서는 여성의 요구에 귀 기울이고, 나쁜 의미에서는 그것을 회유하는 방향으로 움직이기 시작했다'고 카플란은 인식하고 있다.

1979년 작품인 〈에이리언〉은 주인공으로 공격적인aggressive 턱과 남성적이고 강한 체구의 소유자인 신인 여배우 시고니 위버를 기용했다. 그때까지의 할리우드 스타 카테고리에는 들어 있지 않은 이 여배우는 '새로운 여성'을 그리려고 한 제

---

* E. 앤 카플란,『영화 속 여성들Women in Film: Both Sides of the Camera』

작자의 기대에 응해서, 페미니즘 융성기를 맞이한 미국의 젊은 여성들의 상승적인 기운을 멋지게 표현해 냈다.

그녀가 연기한 우주비행사 리플리는, 그 직책을 성실히 수행하고, 항상 남성 대원과 함께 노동하고 패닉 상태가 되어도 냉정함을 잃지 않고, 적절한 방식으로 에이리언과의 투쟁을 지휘하고, 결과적으로 한 사람의 유일한 생존자로서 승리를 거두고 살아남는다. 이 영화는 여성 주인공이 폭력의 습격에 대해 남성 보호자에게 의존하지 않고, 또한 '여성적' 간지奸智를 구사하지도 않고, 정면으로 다가오는 폭력을 정면에서 폭력으로 대처해 승리한다고 하는, 할리우드 영화로서는 획기적인 플롯을 제공했다.

백마의 왕자님의 도래를 기다리지 않고, 자력으로 성을 탈환하는 '(싸우는) 잠자는 숲속의 미녀'(마지막 결투에서 리플리가 입고 있는 우주복은 기사의 갑옷을 상징하고 있다). 여성의 자립을 영상적으로 지원한다고 하는 점에 관해서 말하면, 〈에이리언〉은 확실히 '좋은 의미에서는 여성의 요구에 귀 기울인' 영화라고 말할 수 있을 것이다.

그러나 '부권제 사회'의 노골적인 폭력에 노출되어 싸우는 히로인을 묘사하는 것은, 관점을 뒤집어보면 '부권제 사회'에 반항하는 '건방진' 히로인이, 부권제적 폭력에 오로지 폭행당하고, 능욕당하고, 그 무모한 야심에 걸맞은 제재를 받는 영상을 묘사하는 것이기도 하다.

전편이 어둡고 음습한 우주선 안에서 전개되는 '던전즈 앤 드래곤즈' 형 롤 플레잉 게임과도 비슷한 이 무력 투쟁극은, 그러한 의미에서는, 페미니즘에 대한 응원가로서는 너무도 어두운 정념이 횡행하고 있다. 필시 그것은 투쟁하는 '새로운 여성'의 불안과, 그것에 위협을 느끼고 있는 남성의 불안 양쪽을 투영한 결과이다. 1970년대 말 미국 사회의 성관계의 미래에 대한 불안이 영화 전편을 지배하고 있다. 그리고 그 불안의 영상적인 초점이 되어 있는 것이 '몸속의 뱀'이다.

우리는 앞에서 '몸속의 뱀' 이야기는 여성의 입장에서의 '남성의 자기 복제의 도구가 되는 것의 거절', 그러니까 '임신과 생식에 대한 무의식적인 기피의 욕망'의 토로라고 썼다. 그렇다고 하면, 페미니즘 영화로서의 〈에이리언〉도 또한 '여성으로서의 전통적인 사회적 역할의 거절'의 메시지를 발신하고 있을 것이다.

실제로 〈에이리언〉에서의 리플리는, 좋든 나쁘든 거의 전통적인 여성의 징후를 보이지 않는다. 그녀는 여성적 애교로 우주선 내의 분위기를 부드럽게 하지도 않고 모성적인 포용력도 보이지 않고, 누구에 대해서도 어떠한 종류의 성적 관심도 보이지 않는다. 리플리는 그저 남자들과 마찬가지로 찌무룩한 얼굴로 묵묵히 커피를 마시고, 담배를 피우고, 자신의 일을 할 뿐이다. 폐기된 우주선의 탐험에도, 에이리언을 덕트로 몰아붙이는 위험한 임무에도, 당연하다는 듯이 지원하고, 선장이 죽은 뒤에는 서열에 따라 지휘관이 된다. 그녀는 여성이라는 것을 어떠한 면책 사유로도 이용하지 않고, 여성이라는 것에서 어떠한 이익도 얻지 않는다.

그렇다면 리플리는 완전히 중성적인 존재로서 그려져 있느냐 하면, 결코 그렇지 않다. 그녀는 이 영화 속에서 두 번 '여성적' 약점을 보인다.

첫 번째는 에이리언을 산 채로 가지고 귀환하라는 '회사'의 지시에 따라, 승조원들을 희생하고서라도 에이리언을 '보호'하려 하는 과학 사관 애슈에게 폭행을 당하는 장면. 여기에서 리플리는 영화 속에서 단 한 번 남성의 무시무시한 폭력에 굴복한다.

놓쳐서는 안 되는 징후는, 이때 애슈가 그녀를 질식시키려고, 입에 둥그렇게 만 잡지를 밀어 넣으려고 하는 것이다. 난투가 이루어지는 것은 우주선 내의 식당으로, 밑에 깔려 있는 리플리 뒤의 벽에는 〈플레이보이〉풍의 핀업 누드가 붙어 있다. 애슈는 가까이 있던 남성 잡지를 집어, 그것을 리플리의 입에 억지로 밀어넣는다.

둥그렇게 만 잡지를 입에 밀어 넣는다는 것은, 어떻게 생각해도 질식사시키기 위한 유효한 방법은 아니기 때문에, 그때까지의 온갖 장면에서 여성답게 행동하는 것을 기피하고 있던 리플리에 대해, 여기에서 남성 측으로부터의 '성적 제재'가 가해졌다고 기호적으로 해석해야 할 것이다.

둥그렇게 만 남성 잡지는, 1950년대까지는 미국 남성 중 어느 누구도 그 정당성을 의심한 적이 없었던 '여성을 남성의 성적 애완물로서 소비하는 문화'를 상징하고 있다. 리플리가 영화 속에서 일관되게 짓밟아온 것이 시대에 뒤처진 성 환상이라고 한다면, '남성'에 의해 그녀의 '입에 삽입된' 남성 잡지가 그 '부권제적 문화'의 보복의 형태라는 것은 거의 논리적으로 자명하다(〈에이리언2〉에서도 '회사'의 지시에 따르지 않는 리플리를 입 다물게 하기 위해, '회사'의 대리인인 버크에 의해 그녀의 '입'에 '흉기'가 삽입된다. 두 경우 모두 '회사'의 중요한 기업 전략을 '고발'하려 하는 리플리의 '입'은 의사疑似 남근phallus에 의해 봉해지는 것이다).

리플리의 또 하나의 여성적 징후는, 모선母船을 폭파하고 탈출하는 마지막 장면에서 리플리가 저지른 치명적인 실수에서 엿볼 수 있다.

리플리는 여기에서 영화 전체에서 단 한 번뿐인 정서적 약점을 보인다. 폭파까지 남은 몇 분이라고 하는 절박한 상황에서, 살아남은 다른 두 명의 승조원에게 탈출에 필요한 '산소 냉각제'의 적하積荷를 지시하고, 그동안 **그녀는 고양이를 찾아다니는**

것이다.

'고양이 찾기'에 시간을 지체했기 때문에 리플리는 동료 두 명을 구출하지 못하고, 탈출용 셔틀에 에이리언이 올라탈 수 있는 시간적 여유를 주는 실수를 저지른다. 그때까지 영화 속에서는 리플리와 고양이 사이의 정서적 교감을 묘사한 장면은 어디에도 나오지 않는다. 그때까지 고양이한테 완전히 무관심으로 일관하던 리플리가 왜 이 위기적 국면에서 '고양이 찾기'를 위해 선실을 기어 돌아다니고, 발견한 고양이를 열정적으로 끌어안을 필요가 있는지 관객으로서는 이해할 수 없다. 대체 왜 고양이는 이 국면에서 그 정도로까지 리플리를 끌어당기는가? 동료와 자기 자신을 위험에 노출시킬 어떠한 가치가 고양이한테 있는가? 이 고양이는 에이리언을 처치하려 활동할 때 탐지기를 작동하지 않게 만들고, 승조원 한 사람을 에이리언이 숨어 있는 창고로 유인하는, 상당한 '민폐'를 끼친 고양이이다. 기능적으로는 이 고양이는 **에이리언의 공범자**인 것이다.

영어 화자라면 바로 알아차리겠지만, '고양이pussy'는 속어로 여성의 성기를 의미한다. '잊어 왔던 "고양이"를 찾으러 돌아간다'고 하는 이야기 형은, 그때까지 애써 기피해 왔던 여성성이 결정적 국면에 임했을 때에 이르러, 사실은 '대체할 수 없는 것'이었다는 것을 리플리가 깨달았다는 것을 의미하고 있다. 여기에서의 '고양이'는 여성이 아무리 도망치기를 바란다고 해도 결코 도망칠 수 없는 '섹슈얼리티'의 기호이다.

남은 두 명의 승조원이 찾고 있는 '것'도, 논리적으로 말하면, 리플리에게 있어서의 '고양이'에 기호적으로 대응하는 것이다. 그것은 '산소 냉각제'이다. 이것이 없으면 탈출용 셔틀은 기능하지 않는다. 따라서 '가능한 한 많이 싣지 않으면 안 된다'고 리플리는 주장한다. 셔틀로 모선을 탈출한다는 것은 매우 절박한 위기적 상황의 경우에만 한정될 텐데도 불구하고, 그러한 경우에 셔틀에서 멀리 떨어진 창고에까지 무겁고 부피가 큰 금속 캡슐을 가지러 가지 않으면 안 된다고 하는 것은 스토리상으로는 부조리하다. 애초에 리플리가 반입을 지시하고, 그 지시에 따랐기 때문에 두 명의 승조원이 에이리언에게 잡아먹히게 되는 이 '산소 냉각제'에는 기능적으로는 아무런 의미도 없다는 것이, 그 뒤에 리플리가 '산소 냉각제' 없이 셔틀을 발진시키고, 그런데도 지구 귀환에 아무런 문제도 없었던 것 같다는 사실을 통해서도 우리는 알 수 있다. 그렇다면, 대체 이 무의미한 적하積荷는 무엇이었을까?

'산소 냉각제'는 화면에는 잠깐밖에는 비치지 않는다. 그것은 **끝이 둥그런 봉 모양의 물체**이다. 영화의 클라이맥스에 이르러, 그때까지 온갖 인습적인 성적 기호성을 거부해 왔던 리플리에게 성적 기호의 분류奔流가 덮쳐든다.

리플리를 궁지에 몰아넣는 그다음 성적 의장意匠은 '자폭 장치'이다. 끝의 구멍에 바늘 모양의 열쇠를 삽입하면 미끈미끈하게 '발기'가 되는 네 개의 봉이 기폭 장치이다. 이것은 '발기'하고서 5분이 지나면, 더 이상 진정시키는 것이 불가능해지고, 그 뒤에는 '폭발할' 수밖에 없다고 하는 성가신 물건이다. 리플리는 일단 장치를 '기동'시키지만, 셔틀로 가는 길목에 에이리언이 잠복해 있다는 것을 알아채고, 장치를 해제하고 돌아온다. 하지만 아무리 진정시키려 해도 네 개의 봉은 무자비하게 꽂힌 채로 그녀를 협박한다.

그 뒤에, 셔틀에 올라타고 발진시키기까지의 몇 분 동안, 영화의 소리는 볶아치는 듯한 사이렌 소리와, '폭발까지 앞으로 몇 초'라는 알림과, 리플리의 격렬한 헐떡임만이 지배한다. 소리만을 추출해서 블라인드로 들려준다면, 아마도 열 명 가운데 열 명이 이것을 '포르노그래피'라고 생각할 것이다. 모선이 폭발할 때의 리플리의 표정은, 이 영화의 가장 인상적인 장면이고, 또한 시고니 위버가 가장 아름답게 촬영된 장면이기도 한데, 오르가즘에 도달한 여성의 표정 바로 그것이다.

그리고, 이 절정감을 보여주는 리플리의 커트 다음에는, 셔틀의 기자재 틈에서 발기한 남성기의 실루엣으로 에이리언이 일어서는 것이다.

〈에이리언〉이라는 이야기는, 여성의 신체를 이용해서 자기 복제를 성취하려 하는 '뱀 괴물'과, 그 공격으로부터 도망쳐, '뱀'의 재생산을 거부하려 하는 여성 간에 전개되어 왔던 태고적인 기원을 가지고, 지금도 그 싸움이 계속되고 있는 신화적 투쟁의 현대판인 것이다.

남성성은 '괴물'이다. 여성은 그것과 싸우지 않으면 안 된다. '괴물'은 여성의 성적 부위를 목표로 해서 공격해 온다. 따라서 제대로 싸우기 위해서는 여성성을 숨기거나, 다른 무언가로 위장하지 않으면 안 된다. 따라서 '괴물'과의 조우는 항상 여성이 '여자라는 것'이 폭로되어, 그 여성성에 못 박혀 고정된다고 하는 형태로 발생한다. 마지막 30분 동안, 〈에이리언〉은 거의 그것만을 셀 수 없이 많은 영상 기호를 난무시키면서 계속해서 외치는 것이다.

모성의 복권

카플란은 앞서 말한 책에서 할리우드를 '부르주아 기구'로 규정하고, 거기에서 생산되는 영화는 오로지 '남성적 이익'에 봉사하는 것이고, 여성에게는 '어떠한 주장도 가능성도 욕망의 충족도 허락되지 않는 제도' 속으로 그녀들을 유폐하기 위해서만 기능하고 있다고 하는 상당히 일면적인 단정을 내리고 있다.*

하지만, 그러하다면 실제로 여성 관객이 할리우드 영화에 열광하는 것에 관해 납득할 수 있는 설명은 불가능하다. 영화는 카플란이 생각하고 있는 정도로 단순한 것이 아니다. 카플란이 미국 영화에 관하여 말하는 것처럼, 혹은 주디스 페털리가 미국 문학에 관하여 말하는 것처럼, 그것들 전부가 단순히 '부권제 이데올로기의 프로파간다'에 지나지 않는다면, 그녀들이 해야 하는 긴급한 과제는, 영화나 문학'에 관하여 말하는 것'이 아니라, 미국에서의 영화나 문학의 생산과 소비를 즉각적으로 '금지하는' 것이어야 할 것이다. 하지만 그녀들도 그러한 금지 운동이 미국 여성 대다수의 지지를 얻을 전망은 없다는 사실을 알고 있는 것이다.

실제로 대중적으로 지지를 모은 영화는 항상 양가적인am- bivalent 영화이다. 어떤 레벨에서 말해지고 있는 것과, 다른 레벨에서 말해지고 있는 것이 아무렇지 않게 모순되어 있다, 그러한 영화에만, 우리는 이끌린다. 훌륭한 이야기에 있어서는, 어느 수준에서의 언어적 메시지는, 반드시 다른 수준에서의 비언어적 메시지에 의해 부정된다.

---

* 같은 책

악당 역이 충분히 매력적이 아니라면 주인공의 승리는 고양감을 가져다주지 못한다. 유혈 참사가 없이 평화의 가치는 알 수 없다. 전쟁의 비참함을 전달하기 위해서는 전쟁으로부터 쾌락을 얻고 있는 인간이 그려지지 않으면 안 된다. 우리를 끌어당기는 이야기는, 항상 그러한 방식으로 중층적이다.

〈에이리언〉은 '우리를 끌어당기는 이야기'에 필요한 양가적인 구조를 구비하고 있다. 어떤 레벨에서 보면, 영화는 1970년대 여성 관객에게 새로운 여성 영웅heroine의 등장을 알리고, 여성의 미래에 관한 희망을 말하고 있는 것처럼 보인다. 그러나 다른 레벨에서 보면, 그 여성들에 대한 '부권제 사회' 측으로부터의 노골적인 공격성이 영상적으로 과시되어 있다. 여성이 '드래곤'과 싸우는 이야기 유형은 '페미니즘을 회유한다'. 다른 한편 '여성이 여성적이지 않게 되는 것'에 의해 받게 되는 제재를 영상적으로 포식飽食하게 함으로서 영상은 '부권제적 관객'의 사악한 욕망도 충족시키고 있다. 〈에이리언〉은 그 시대의 욕망과 불안을 그러한 방식으로 영상적으로 정착시키는 것에 의해 상업적 성공을 거둘 수 있었다.

〈에이리언2〉는 7년 뒤인 1986년에 제작된 속편이다. 이 영화는 그 시대 페미니즘의 최대 이슈였던 '모성'의 평가에 관하여 마찬가지로 양가적인 사회적 감수성을 영상화해서, 화려한

흥행 성적을 거두었다.

〈에이리언2〉는 전작으로부터 57년 후의 미래가 무대이다. 노스트로모 호 최후의 생존자 리플리는 기나긴 우주 표류 끝에 구조선에 의해 구조된다. '회사'는 에이리언 습격이라는 그녀의 설명을 받아들이지 않는다. 그녀는 우주선을 폭파한 죄를 추궁당해 우주비행사 자격을 박탈당하고, 친지도 지인도 모두 죽고 사라진 미래 사회에서, 육체노동자로서 매일 밤을 에이리언이 자신의 배를 찢고 나오는 악몽에 시달리면서 살고 있다.

'회사'는 에이리언의 알이 발견된 별에 우주 식민지를 건설하고 있다. 그 식민지별이 뜻하지 않게 통신이 두절되어, 리플리는 조언자로서 우주 해병대와 함께 그 별을 방문하게 된다.

식민지별에는 한 소녀를 제외한 식민자 전원이 에이리언의 알을 낳는 페이스 허거의 배양체로 변해 있고, 해병대도 얼마 안 있어 괴멸의 위기에 몰리게 된다. 다시 한 번 에이리언과의 싸움을 벌일 수밖에 없게 된 리플리는 붙잡혀 있는 소녀를 구출하기 위해서, 수많은 알을 계속해서 낳는 '여왕 에이리언'과 완전 무장을 하고서 대결한다……

이 영화는 모성에 관하여 대립하는 두 개의 대항적인 이야기 형을 반복한다.

극장판에서는 삭제되었지만 디렉터스 컷에서 복원된 삽화

에 의하면, 리플리에게는 딸이 하나 있다. 딸은 리플리가 우주를 표류하고 있을 때 66세로 죽었다. 리플리는 '바깥에서 일하고 있었기 때문에' 자신의 유일한 자식의 인생에 전혀 개입할 수 없었던 셈이다. 이것은 '모성이 충분하게 기능하지 않은' 마이너스의 징후로 간주할 수 있다.

한편 리플리는 식민지별에서 기적적으로 살아남은 소녀 뉴트에게 강한 모성적 감정을 품는다. 에이리언의 습격으로부터 살아남은 유일한 생존자이고, 공포의 체험을 공유하고 있다는 사실이 두 사람을 깊게 결합시킨다. 리플리와 뉴트의 의사적 모녀 관계를 그리는 장면에서, 리플리는 전작에서는 '고양이'에 대해서만 보였던 정서적으로 '무른' 표정을 보인다. 그녀가 여러 위기에서 뉴트를 지키고, 마지막에는 목숨을 걸고 뉴트를 구출하기 위해 적지로 쳐들어가는 장면이 이 영화의 하이라이트인데, 거기에서 드높이 칭송되는 것은 '어머니의 사랑은 바다보다도 깊다', 그리고 '어머니는 강하다'라고 하는 거의 멜로드라마적인 메시지이다.

이것은 '자식을 집에 남겨두고 밖으로 나가 자기 실현하고 싶다'고 하는 자립을 추구하는 마음과, '자식의 보호를 모든 것보다 우선하고 싶다'고 하는 마음 사이에서 찢겨, 어느 쪽으로도 결정을 못하고 있던 1980년대 미국 여성의 내적 갈등을 멋지게 비쳐내고 있다.

그리고 최종적으로 영화의 스토리라인은 '자식을 내버려두고 돌보지 않는' 여성은 벌을 받고, '자식을 지키는' 여성은 구원받는다고 하는, 다소 회고적인 어머니와 자식 관계의 편을 들고 있는 것처럼 보인다.

그러나 모성의 평가와 연관된 영상 기호는 그렇게 단순하지 않다. 지금 논한 것과는 다른 레벨에서는, 그러니까 리플리와 '여왕 에이리언'의 대립에서는 다른 양태의 '모자母子 이야기'가 말해지고 있기 때문이다.

거대한 '여왕 에이리언'은 식민지별의 지하 깊숙한 곳에 소굴을 틀고, 오로지 알을 계속해서 배출할 뿐인 생식 기계이다. '여왕'과 조우한 리플리는 화염방사기로 알을 남김없이 불태워 버린다. 그러나 '여왕'은 산란관에 결박되어 있기 때문에 몸을 움직일 수 없고, 알이 파괴되는 것을 방관할 뿐, 그것을 저지하는 행동을 할 수 없다.

생식에 전념했기 때문에 결과적으로는 종족에 괴멸적인 피해가 미치는 것을 저지할 수 없었던 '여왕'. '집'에 갇혀서 '육아'에 전념했기 때문에 사회적 기능을 잃어버리고 만 '모친'. 이것은 '과대평가된 모자 관계의 부정적 측면'을 의미할 것이다.

자식들의 죽음으로 인해 산란이라고 하는 임무에서 해방된 '여왕'은, 단 한 명의 침략자인 리플리와 싸운다. 영화의 마지막 장면에서 두 명의 '어머니'는 일대일로 격돌하게 되는데, 결과적으로는 육체노동의 경험에 의해 우주선 내의 기재器材 사용에 숙달된 리플리가 '여왕'을 우주선 밖으로 쫓아내 승부를 결정짓는다. 사회적 스킬에 익숙하지 않은 모성은 여기에서도 '일하는 여성' 앞에서 일패도지一敗塗地한다.

표층에 있어서의 '모성 찬가'와는 상당히 모순되는 영상적인 메시지가 여기에서는 가득 담겨 있다는 것을 알 수 있다.

영화 속에서의 모자 관계와 그 기호적 의미를 다시 한 번 정리해 보자.

(1) '바깥에서 일하고 있었기 때문에, 딸의 죽음을 볼 수 없었던 어머니'인 리플리는 '어머니가 밖으로 일하러 나갔다가 죽었기 때문에 홀로 방치된 딸'인 뉴트와 의사적 모자 관계를 맺는다.(이 설화군群의 메시지는 '어머니가 아이를 내버려두고 밖에 일하러 나가면, 모자는 양쪽 다 고독해진다'이다)

(2) 뉴트의 실종에 의해 리플리 일행은 불필요한 위험에 처할 것을 강제받는다. 알은 에이리언 집단의 '약한 고리'이고, 산란을 위해 모친은 몸을 움직일 수 없고, 그로 인해 여왕은 불에 타 죽을 위험에 노출된다.(이 설화군의 메시지는 '모자 관계가 긴밀하면, 모친은 연약한 자식으로 인해 사회적 능력이 감쇄된다'이다)

⑶ '딸의 구출을 위해 리플리는 예외적으로 고도의 전투력을 발휘한다.' '죽은 알들에 대한 보복을 위해 여왕은 예외적으로 고도의 전투력을 발휘한다.'(이 설화군의 메시지는 '자식과 떨어지면 모친의 사회적 기능은 향상된다'이다)

⑷ '사회적 스킬의 운용에 숙달된 리플리'가 '정서적으로 난폭하게 날뛰는 여왕 에이리언'에게 승리한다.(이 설화의 메시지는 '밖에서 일하는 모친은 자식을 행복하게 한다'이다)

영상 기호는 본 바와 같이, 여러 가지로 모순되는 메시지를 발신하고 있다. 그렇다고 해도 그러한 메시지는 균등하게 배분되어 있는 것이 아니다. 극장 공개판에서는, 앞서 언급했듯이 리플리에게 딸이 있었다는 에피소드가 삭제되어 있을 뿐 아니라, 뉴트의 양친이 우주선 탐험에 나서 에이리언을 발견하고, 식민지별의 전멸 요인을 만들었다고 하는 부분도 삭제되어 있다. 결국 '밖에서 일하는 모친은 자식을 행복하게 하지 않는다'고 하는 설화적 메시지는 '상업적인 이유로' 집중적으로 삭제되었던 것이다(시장 원리는 항상 무의식적인 도태압淘汰壓으로서 기능한다).

한편, '모자 관계가 긴밀하면, 모친은 무능해진다'고 하는 메시지는 리플리가 '뉴트를 재우기 위해서 곁에 누워 있는 동안에 에이리언의 침입을 허용하고 만다'는 삽화나 '뉴트가 발을 접질렸기 때문에 탈출의 기회를 놓친다'고 하는 삽화를 통해서 집요하게 강조되고 있다.

그리고 '모자의 이별'은 비극성이 불식되고, 오히려 극적 흥분을 끌어올리는 서스펜스로서 공리적으로 활용된다. 모자가 밀착해 있는 것보다도, 모자가 따로따로 떨어져 있는 편이 생산적이고, 모친의 능력 개발에 플러스가 되고, 그것이 최종적으로는 자식의 이익이 되는 것이다, 라고 하는 메시지가 드높게 울려 퍼진다. 이렇게 해서 '밖에서 일하는 여성' 리플리가 '출산 육아의 전문가'인 여왕 에이리언을 쳐부수면서 영화는 끝난다.

로빈 로버트는 이 영화가 '두 개의 모성의 갈등'이라는 것을 정확하게 지적하고 나서, 이것이 '명확하게 페미니즘적 영화'라고 상찬하고 있다.

캐머런과 허드에 의해 제출된 모성 버전은 명확하게, 여성의 가능성을 보여주고, 모성의 선택과 새로운 방법의 실천에 의해, 생물학으로부터 해방된 여성의 비전을 제시하고 있는 것이다.*

---

* 로빈 로버트, 「〈에이리언2〉에 있어서의 양모와 친모」

로버트는 에이리언이 상징하는 '생물학적 모성'과 리플리-뉴트가 체현하는 '양자養子형 모성'의 갈등 드라마로서 영화를 해석하고, 후자 안에서 페미니즘의 희망을 발견해 내고 있다. 〈에이리언2〉가 '대등한 파트너십'에 기반한 '새로운 모성의 정식화'에 성공했다고 하는 로버트의 결론은 동의하기 어렵지만, 이 영화가 '일을 가질 것인가, 아니면 아이들과 가정에 머물 것인가'를 망설이고 있던 1980년대 미국 여성들을 향해, '모친이 일을 하면 할수록 아이들은 행복해진다'고 하는 상당히 듣기에 상쾌한 메시지를 내보낸 것은 틀림없다.

증오의 영상

법규범과 언어로 상징되는 부권제 사회의 질서를 위협하는 '두려운 것'으로서 쥘리아 크리스테바는 '여성적인 것'을 정의했다.

우리가 '여성적인 것'이라는 언어로 지시하는 것은, 타고난 본질이라는 것이 아니라, 이름을 갖지 않은 '타자'이다. 그것은 '삼각형을 형성하는 아버지에 의한 금지의 기능'을 '꿰뚫은 뒤의, 명명할 수 없는 하나의 타자성'이다.*

명명할 수 없는 것, 상징계에 뚫린 근원적 상실, 어머니의 신체, 코라chora, 르 세미오티크, '문화라고 하는 상징적인 구조에 대한, 언어로 표현할 수 없는 절대적인 자연의 힘'…… 라캉 풍의 전문 용어jargon로 장식된 크리스테바의 '여성성'론은, 제3세계론이나 마이너리티론과 동기화synchronize되는 형태로 1970~90년대 페미니즘에 예리한 이론적 무기를 제공해왔다. 그러나 이 이론은 자칫하면 통속적인 '모성'주의에 재이용되기 쉬운 위험을 내포하고 있었다.

만약 크리스테바가 말하듯이 모성이 그 정도로 부권제 질서를 문란하게 만드는 잠재적 힘을 내포하고 있다면, 부권제 사회의 전복을 위해서는 캐리어 우먼이 되어서 남성과 같은 열에서 기를 쓰고 일을 하는 것보다, 집에서 자식들과의 밀도 높은 정념적 관계를 키워 나가는 편이 유효한 행동이 되어 버리기 때문이다.

그러한 모권 주도적인 환경에서 자란 남자 아이들이 모여서 '셀린＝아르토'**적인 인격 형성(붕괴?)을 이룬다면, 과연 부권제 사회는 와르르 붕괴될 것이다. 그러나 그것은 부권제 사회

---

* 쥘리아 크리스테바, 『공포의 권력』
** 작가 루이-페르디낭 셀린과 '잔혹 연극'으로 잘 알려진 앙토냉 아르토를 가리킨다. - 옮긴이

의 붕괴라기보다는, '시민 사회 그 자체'의 붕괴를 의미하는 게 아닐까. 시민 사회 그 자체가 소멸하는 것에 의해, 여성들은 어떠한 이익을 얻을 수 있는 것일까.

크리스테바처럼 페미니스트들은 시민 사회의 소멸은 바라지 않고, 모성적인 것의 부분적인 복권을 바라고 있는 데 지나지 않는 게 아닐까? 그것은 요컨대 '부권제 사회의 서브 시스템으로서, 부권제 사회에 생산적인 "난수亂數"를 도입하기 위해 모성적인 것을 인지하기를 바라는' 데에 지나지 않는 게 아닐까? 모성적인 것은 단지 '부권제'와 갈등하는 것에 의해 비로소 생성적인 것으로서 기능한다면, 모성적인 것은 결국 '파트너'로서 부권제의 영속을 바라게 되는 게 아닐까?

'페미니즘 본질주의'에 대한 급진적인 반문은 이러한 질문 방식으로 제시된다.

근대적인 부권제 이데올로기를 일축─蹴한 뒤 미국 페미니즘의 이어지는 투쟁은 '실체화된 여성성'을 긍정하는 페미니즘 본질주의의 소탕전이었다. '애플파이와 햇빛 냄새의 엄마'의 신화 뒤에 있는 '다산의 모성' '자연의 모성' '지모신地母神'적 여성성의 신화가 섬멸되지 않으면 안 된다.

로버트에 의하면, 크리스테바적인 모성('상징 질서의 외부에 위치해' 있고, '전前 언어적 단계를 표상하는' 어머니)은 〈에이리언 2〉에서는 '여왕 에이리언'에 의해 연기되고 있다. 리플리는 그것을 죽임으로써 '여성성'의 숨을 뿌리째 끊는 것이다. '생식'이라는 행위에 집약적으로 상징되는 생물학적 여성성에 대한 이 명확한 부정은, 1980년대 중반 이후 페미니즘의 새로운 사조를 반영하고 있다.

> 여성을 속박하고 있는 것은, 바로 그녀들의 여성성이다(……). 대체로, **여성이다**라는 상태 자체가 본래 존재하지 않는 것이다. 여성이라는 것, 그것은, 성 과학적 언설이나 사회 활동에 있어서의 논쟁사에 의해 구축된 복합 카테고리에 지나지 않는다.[*]

'사이버그 페미니스트' 다나 해러웨이는 1985년에 이렇게 썼다.

> 사이버그란 해체와 재구축을 되풀이하는 포스트모던한 집합적, 개인적 주체self의 형태이다. 이것이야말로, 페미니스트들이 코드화하지 않으면 안 되는 주체 본연의 자세인 것이다.[**]

여성성을 실체인 것처럼 말한다고 하는 몸짓 그 자체가, 부

---

[*] 다나 해러웨이, 『사이보그 선언 *A Cyborg Manifesto*』
[**] 같은 책

권제의 서브 시스템으로서 기능하고 있는 것이다. 그러한 이상, 여성성, 아브젝시옹abjection, 가이네시스* 등의 신화적 컨셉트를 유지해서는 부권제는 타도할 수 없다. 그렇게 자각한 새로운 페미니즘적 견해가 1980년대에 이렇게 등장하게 되었다. 영화는 그러한 사회적 감수성의 전환shift을 직감적으로 파악하고 있다.

하지만 '여성스러움'이라는 사회적 역할의 거부에 머물지 않고, '생식'으로 상징되는 생물학적 여성성의 거부로까지 발을 들여놓은 새로운 페미니즘 사조에, 당연한 일이지만 미국 남성들은 심각한 위기감을 갖게 되었다. 남성들은 온갖 종류의 '여성스러움'을 '역사의 쓰레기통'에 아무렇지 않게 던져 넣는 여성들에 대해 강한 불안과 공포를 느꼈다. 여성들은 이제 '여성이라는 것'을 그만두겠다는 걸까? 이 포스트모던 세계에는 어디에도 닿지 않는 '해체와 재구축'만이 있고, '재생산'을 위한 온기 있는 결합에는 이제 어떠한 여지도 남아 있지 않은 걸까?

---

* gynesis. 앨리스 자딘이 만들어낸 개념으로, 온갖 여성적인 속성의 총칭이다. 사이버그가 유기체와 기계의 혼합물이라는 것에 착안해 대립 개념인 남녀의 관계도 SF적인 관점에서 새롭게 바라볼 것을 주장한다. 국내에는 그리 알려지지 않은 개념이고 '여성상 무의식女性狀無意識'이란 용어로 일본에서는 번역되었다. – 옮긴이

이러한 남성 측의 뿌리 깊은 불안과, 거기에서 분비된 동시대의 페미니즘에 대한 강렬한 악의를 영상적으로 표상해 보여준 것이 〈에이리언3〉이다.

1992년의 이 시리즈 세 번째 작품은 앞의 두 작품과 비교할 때, 너무도 어둡고, 너무도 희망이 없다. 그것은 전편에 흘러넘치는 '여성 혐오misogyny'의 독한 기운 때문이다.

이 영화에서 여성 혐오는 물론 페미니스트들로부터 곧바로 지탄받을 만큼 노골적인 방식으로는 표현되지 않는다. 그것은 은밀한 방식으로, 오히려 페미니즘을 '회유'하고 그것에 '영합'하려는 이야기 형을 통해 표현되어 있다. 왜냐하면, 어느 의미에서는 〈에이리언3〉는 '페미니스트의 이상을 그린 영화'이기 때문이다. 거기에는 전통적인 의미에서의 여성은 이미 눈곱만큼도 존재하지 않는다. 이 상상 세계 속에서, 여성은 지금까지 여성에게 귀속되어 왔던 모든 특성을 던져버리고, 벗겨내진다. '여성이라고 하는 상태 자체가, 존재하지 않는' 세계, '여성이 여성이기를 그만둔 세계'를 이 영화는 그리고 있는 것이다. 단지, '악몽'으로서.

영화는 〈에이리언2〉의 라스트 신에서 겨우 탈출에 성공한 우주선이, 잠복해 있던 에이리언으로 인해 '회사'의 소유지인 죄수들의 별로 추락하는 것에서 시작한다. 추락으로 '딸'인 뉴트도, 해병대 최후의 생존자 힉스 하사도 안드로이드 비숍도 죽는다. 리플리 자신은 동면 중에 에이리언의 알을 품은 몸으로 홀로 살아남게 된다. 그리고 25명의 성적 흉악범들과 두 명의 간수와 한 명의 의사가 사는 '남자들만의 별'에서 리플리는 다시 한 번 에이리언과 싸우게 된다.

이 영화에서의 리플리는 절망적일 정도로 고립되어 있다. 그녀에게는 더 이상 아무것도 없다. 지켜야 할 딸은 없다. 전작에서의 전우였던 힉스는 죽고, 비숍은 파괴되었다. 우주선에는 근대적인 장비가 있고, 에이리언을 날려 버릴 무기도 원하면 손에 들어오지만, 이 죄수 별에는 도끼 말고는 다른 무기도 없다. 지금까지는 냉정한 판단력이나 과감한 행동력을 갖춘 남녀 조력자가 있었지만, 죄수 별에 있는 것은 성적 중죄범들과 무능한 간수뿐이다. 그 정도로 목숨을 걸고 싸웠고, 아슬아슬한 승리를 거둬왔던 여성 전사에게 제공된 것으로는 너무도 보잘것없고 가혹한 조건이다. 그러나 이 영화에서 냉대를 받고 있는 것은 리플리의 전투 조건뿐이 아니다. 그때까지 리플리가 체현해왔던 '여성성'의 모든 지표 또한, 이 별에서는 맹렬한 공격에 노출된다.

영화는 '여성성이란 것은 있어서는 안 된다'고 하는 메시지를 거듭 되풀이한다.

별에 표착한 리플리에 대해서 소장은 '이 별은 여성적인 것이 존재해서는 안 되는 장소'라고 알린다. 이 죄수 별에 수용되어 있는 것은 '상습적, 유전적인 성범죄자들'이다. '타고난 성적 폭력의 애호자들'만으로 구성된 사회(진정으로 이 별은 부권제 사회 그 자체의 비유이다)를 자유롭게 돌아다니는 여성은 폭력과 재앙을 가져올 것이다. 실제로 그녀의 출현은 잠잠했던 성 환상을 촉발해(리플리는 도착 후 곧바로 강간 세례를 받는다), 그녀가 '데려온' 에이리언은 남자들을 마구 먹어치운다. 여성의 도래가 '남성들만의 세계'에 재앙을 가져온 것이다.

영화의 모두에서 리플리는 '이가 많아서'라고 하는 부자연스러운 이유로 머리가 삭발된다. 스토리상의 필연성이 없는데도, 여배우가 누드가 되는 영화는 많지만, 스토리상의 필연성이 없는데도 미인 여배우가 스킨헤드가 되는 영화는 아마도 이 영화가 최초일 것이다. 머리카락을 자른다고 하는 것은 여성의 조형적인 미에 대한 폭행이다. 프랑스나 네덜란드에서 대독 협력자였던 여성들이 전후 공개적인 장소에서 머리를 삭발당한 역사적 사실이 보여주듯이, 여성의 머리카락을 자른다는 것은 명백하게 처벌의 함의를 갖고 있다. 부권제 사회가 강요하는 '여성스러움'이라고 하는 억압적 코드를 일축한 여성은 '잃어버린 코드'의 이름으로 처벌되는 것이다.

빡빡머리, 충혈된 눈, 누더기 죄수복의 리플리는 병적인 성적 범죄자들의 눈에조차, 이제는 별로 매력적이지 않다. 그것은 영화의 관객들로서도 마찬가지다. 관객은 그녀가 화면에 나타나지 않는 시간을 그다지 아쉬움 없이 보낼 수 있다.

여성의 조형적인 아름다움에 과잉의 가치를 부여하는 것은 부권제 사회의 특징이다. '여성은 아름답지 않으면 안 된다'고 하는 위협적인 요청은, 여성을 성적 대상으로서 바라보는 폭력적인 시선으로 뒷받침된다고 페미니즘 비평은 주장해왔다. 그것을 거부하는 것, 자진해서 자신의 타고난 조형적 미모를 훼손하는 것은, 논리적으로 말하자면, 성적 대상으로서 감상되고 노리개로 어루만져지는 것을 거절하는 것이다. '추한 주연 여배우'는 그런 의미에서 획기적이다. 여성의 조형적인 미, 감상용의 미모라고 하는 억압적 관습에 이의 신청을 한 것이다. 더 이상 여성이 성적 페티시fetish로서 남성들의 시선에 포착되는 일은 없다.

이 세 번째 작품에서 리플리는 시리즈 사상 처음으로 섹스를 한다.

리플리는 죄수 별의 오직 한 명의 지식인인 의사를 상대로 고른다. 다만 이 성행위는, 상대의 의구심을 가라앉히고, 상대로부터 필요한 정보를 끌어내기 위한 일종의 책략maneuver으로서 행해진다(예전에 〈007〉 시리즈에서 제임스 본드가 적의 역할을 맡은 여성을 농락하고 정보를 얻기 위해 성행위를 활용한 것과 마찬가지로).

먼저 접근하는 것은 리플리이다. 그녀는 성행위의 주도권을 쥐고 있고, 자신의 욕망을 통제하고 있다. 상대 의사는 성행위를 통해서 리플리에 대해 어떠한 지배력도 손에 넣기는커녕, 행위가 끝나자 곧바로 에이리언에게 먹히고, 등장할 때와 마찬가지로 황급히 사라지고 만다. '섹스가 끝나면 상대가 흔적도 남기지 않고 없어져 준다'는 것이 성행위의 주도자에게 있어 일종의 이상이라고 한다면, 이것은 여성이 오랫동안 꿈꿔왔던 바로 그 이상적인 섹스이다. '여성스러움'을 거절한 보상으로, 여주인공은 '이상적인 성생활'을 손에 넣는다. 감정도 스토리성도 친밀함도 쾌락도 없는 물리적인 '섹스'.

리플리는 이 영화에서, 동면 중에 '부주의'로 인해 체내에 에이리언의 알이 주입되어 버려 '임신'한다. 그녀가 그렇게도 증오해왔던 에이리언의 유체幼體를 신체에 기생하게 하고 만 것이다. 그녀에게 '자기복제'를 맡긴 에이리언은 종족적 배려에서 그녀에게 공격을 가하지 않고 살려놓는다. 그러나 리플리는, '회사'의 수중에 체내의 에이리언을 넘기지 않기 위해, 스스로 용광로로 뛰어든다. 영화는 추락해가는 리플리의 배를 찢고서 뱀 모양의 에이리언 유체가 얼굴을 내밀고, 울음소리인지 단말마의 비명인지 모를 외침을 올리는 것에서 끝난다.

리플리를 '임신'시켰던 에이리언이란 말하자면 그녀의 '남편'이다. 〈에이리언3〉에서 공개되는 내막은, 에이리언이란 여성을 임신시키고, 자기 복제를 만들려고 하는 바로 남성의 욕망을 형상화한 것(시리즈의 맨 처음부터 반쯤 밝혀지고, 반쯤 숨겨져 온)이라는 사실이다. 리플리와 에이리언과의 싸움은 요컨대 '임신하고 싶지 않은 여성과 임신시키려고 하는 팔루스phallus의 싸움'이었던 것이다.

이미 검증한 대로, '몸속의 뱀'이라고 하는 〈에이리언〉 시리즈 전체를 관통하는 이야기 형은 '남성의 이기적인egoistic 자기 복제의 욕망'에 굴복하는 것에 대한 여성의 혐오와 공포를 전하고 있다. 그 굴절된 감정이 에이리언과의 싸움, 혹은 에이리언의 알을 소각한다고 하는 이야기적 우회를 거쳐 표현되어 왔다는 것은 서술해왔던 대로이다. 그러나 〈에이리언3〉에서는, 임신과 출산은 더 이상 '이야기적 우회'를 취하지 않고서, 더 이상 명백할 수 없을 정도로 '여성에 대한 성적 공격과 그것의 거부'로서 영상화된다.

생각해보면 남성의 본질을 폭력적인 침입으로 간주하는 것은 페미니즘의 기본적인 주장의 하나이다.

남성성의 섹슈얼리티의 관념이란, 여성성에 있어서 폭력의 개입과 같은 뜻이다.*

〈에이리언3〉는 그 주장을 훌륭하게 뒷받침하고 있다. 다만 페미니스트의 텍스트가 사실 인지적인 것에 대해, 영화의 메시지는 오히려 행위 수행적이다. 이 영화는 남성성은 본질적으로 폭력적이라고 '인지'하고 있는 게 아니라, 그렇게 '선언'하고 있는 것이다. 〈에이리언3〉는 '팔루스와 싸우는 여성'의 말로에 관한 악의 넘치는 예언이다.

자립을 추구하는 여성, 남성의 자식을 임신하는 것을 거절하는 여성은, 철저하게 팔루스적인 폭력에 노출되어, 자식을 잃고, 친구를 잃고, 미모를 잃고, 성생활을 잃고, 남편을 죽이고, 자식을 죽이고, 자신도 죽게 될 것이다. 이 영화는 그렇게 예언하고 있다.

팔루스와 싸우는 여성은 모든 것을 잃는다.

이것이 이 영화가 발신하는 명백한 메시지다. 그리고, 이 영화를 만든 사람들은 자신들이 그러한 메시지를 발신하고 있다는 것을 아마도 자각하지 못했을 것이고, 그것이 미국 남성 관객의 '악몽'을 영상화해서 보여준 것이라는 사실도 필시 알아

---

* 오타니 마리, 『여성상 무의식 〈테크노 가이네시스〉 – 여성 SF론 서설』. 오타니는 이 책에서 〈에이리언〉에 관하여 우리와는 약간 다르게 해석하고 있다. '요컨대 지구인 남성의 공포란, 지구인 남성 이외의 생물에게 "여성이 먹히고, 능욕되는 것"이다'. 오타니는 '자신들의 여자'를 납치해 가는 에이리언(이방인)에 대해 미국 백인 남성이 갖고 있는 '공포'를 이 영화 속에서 보고 있다.

차리지 못했을 것이다.

'이야기'를 위하여

〈에이리언〉은 전편이 성적인 메타포로 흘러넘친다. H. R. 기거가 디자인한 에이리언 두부頭部의 완전히 팔루스적인 형태나, 그 끝의 개구부開口部에서 흘러내리는 반투명의 점액, 습격 직전에 미끈미끈하게 '발기'해오는 돌기를 떠올리면, 에이리언이 남성의 공격적 성욕의 기호라는 것은 처음부터 알려진 사실이다.

어디에서부터라도 침입하고, 불사신이고, 포획한 것의 살해와 생식밖에는 염두에 없고, '회사'의 두터운 보호를 받는 에이리언. 여성은 '그것'과 어떻게 싸워야 하는가라는 절실하고 자극적인 주제를 둘러싸고 제작되어 온 이 에이리언 시리즈는, 그러나 제3부에 이르러 지극히 부정적이고negative 일면적인 결론과 함께 막을 내린다.

'회사'(이 우주에 편재하는 전능全能의 조직체는 물론 '부권제 사회'에 메타포이다)의 지시에 따르지 않고, 임신, 출산, 육아를 거부하고, 여성적인 징후를 몸에 두르는 것을 기피해 온 죄과로 인해 리플리는 '살해당한다'. 남성에게 따르지 않는 여성은 벌을 받는다. 그것이 세 번째 작품이 내리는 '교훈'이다.

6천만 달러의 제작비를 투입했음에도 〈에이리언3〉는 흥행적으로는 실패했고, 비평가들의 평도 좋지 않았다. 많은 비평가는 이 영화의 '니힐리즘'과 '살풍경함'을 지적했다. 그것이 1990년대 미국의 현실의 '니힐리즘'과 '살풍경함'을 어느 정도 투영하고 있는지 우리로서는 알 수가 없다.

그러나 1960년대 이후 점점 상승하는 추이를 보여온 미국 페미니즘에 대해, 미국 남성 측에 뿌리 깊은 악의가 응어리져 왔다는 것, 그리고 '부권제 사회의 규범을 무시하고 자유롭게 행동하는 여자들이 가져온 재앙'을 그린 이야기가 최근 집중적으로 마이클 더글러스 주연으로 영상화되고 있다고 하는 징후는 지적해둘 가치가 있을 것이다.* 마이클 더글러스는 이러한 일련의 영화에서, 당대의 할리우드 스타 여배우를 차례로 '죽이고', 남성 관객에게 카타르시스를 맛보게 했다('살해당한' 것은 캐서린 터너, 글렌 클로즈, 데미 무어, 기네스 펠트로).

이러한 영상에서 '여성 혐오'의 징후를 지적하는 것은 어려운 일이 아니다. 그 배후에 깃들어 있는 욕망이나 불안을 폭로

---

* 〈장미의 전쟁The War of the Roses〉(1989), 〈위험한 정사Fatal Attraction〉(1987), 〈원초적 본능Basic Instinct〉(1992), 〈폭로Disclosure〉(1994) 〈퍼펙트 머더A Perfect Murder〉(1998)

하는 것도, 그에 관해 교화적인 언설을 엮는 것도, 경우에 따라서는 그러한 표현의 규제를 요구하는 것도 불가능한 것은 아니다(〈원초적 본능〉에 대해서는 상영 금지 운동이 시도되었다). 그러나 그러한 비난, 비판, 고발, 폭로, 단죄라고 하는 몸짓을 아무리 되풀이하더라도, '억압된 악의'는 그것을 보다 교묘하게 은폐하는 다른 이야기를 우회해서 갈 뿐 소실消失되는 것은 아니다.

나는 〈에이리언3〉는 태작駄作이라고 생각하지만 그 이유는 영화가 '여성 혐오'적이기 때문은 아니다(앞의 두 작품에서도 부권제 사회에서의 '새로운 여성'에 대한 처벌이라고 하는 이야기 형은 반복되었다). 〈에이리언3〉가 태작인 것은, 그것이 '여성 혐오'라는 메시지만을(그것도 지극히 노골적인 방식으로) 발신하고 있기 때문이다.

단일한 메시지밖에는 전달할 수 없는 이야기는 질이 낮은 이야기이다(그것은 '프로파간다'에 지나지 않는다). 모순되는 메시지를 모순된 채로, 동시에 전달해, 독해의 수준을 바꿀 때마다, 매번 별도의 독해 방법을 발견할 수 있는 이야기는 '질이 높은 이야기'이다.

'질이 높은 이야기'는 우리에게 '일반 정답'을 주지 않는다. 그 대신에 '답이 없는 문제' 밑에 되풀이해서 밑줄을 긋게 한다. 우리는 '문제'를 둘러싼 끝없는 대화, 끝없는 사색으로 초

대된다.

대중예술로서의 영화는 그러한 방식으로 현실적인 모순을 모순인 채로 제출하고, 그 '해결'을 공중에 매달고, '최후의 말'을 뒤로 미뤄왔다. 만약 마르크스가 20세기에 살았더라면 분명 '영화는 인민의 아편이다'라고 말했을 것이다. 마르크스가 말하지 않는다면 내가 대신해서 말해도 좋다. '영화는 인민의 아편이다.'

그러나 우리의 욕망이나 불안은 결국은 '이야기'로서 편성되어 있고, 그것은 '이야기'로서 자아져, 다시 풀어나갈 수밖에 없는 것이다.

우리가 영화에 바라는 것은 '최종적 해결'이 아니다. 라스트 신에서 우리가 보고 싶은 것은 to be continued란 글자인 것이다.*

---

* 그리고 실제로 〈에이리언4〉(1997)가 만들어졌다.

제 2 장
젠더 하이브리드 몬스터

억압된 언어

어느 축하회 자리에서 '그러면 여러분, 상사의 건강을 축하하며 건배합시다anstoßen'라고 말해야 하는 대목에서 '토악질을 합시다aufsoßen'라고 말해 버린 신사의 이야기를 프로이트는 『정신분석 입문』의 모두에서 소개하고 있다.

나 자신도 이와 비슷한 경험을 한 적이 있다. 예전에, 어느 중견 학원(C 세미나르라는 곳이었다)에서 강사로 있을 때, 강사 위로회 자리에서 이사장이 '거대 학원들의 전국 입시 학원 계열화에 저항해 싸웁시다' 하고 사자후를 토한 뒤, 입시 학원계에서 명성이 자자한 어느 노강사가 불려나와 건배의 선창을

했다. 그리고 웃음이 가득한 얼굴로 '그러면 요요기 세미나르의 무궁한 발전을 기원하며' 하고 축배를 든 것이었다. 행사장은 얼음 같은 침묵에 휩싸였다. 노강사는 누구도 화창해주지 않아서 잠시 멍하니 있었는데, 이윽고 실수를 알아채고, 비틀비틀 연단에서 내려왔다.

이러한 사례들이 가르쳐 주는 것은, 우리는 '실수로 내뱉은 말'을 통해 자신의 '본심'을 말한다는 것이다. '토악질' 신사는 '상사에게 토악질을 하고 싶다'고 원했고, 노강사는 정확하게 C 세미나르의 몰락을 예견하고 있었다(실제로 그가 잘못 말한 대로 사태의 추이는 흘러갔으니까). 그러나 이러한 본심은 그들의 사회적 입장과 정합整合하지 않기 때문에 억압된다. 억압된 본심은, 마침 막혀 있던 물줄기가 다른 수로를 우회해서 흐르듯이, 꿈, 망상, 신경증, 혹은 '실수로 내뱉은 말' 같은 '증후'로서 재귀再歸하게 된다.

증후란 억압에 의해 저지된 것의 대리물이다.*

오늘날의 미국 사회는 할리우드 영화에 대해 도가 지나칠

---

* 프로이트, 『정신분석 입문』

정도로 '정치적 올바름political correctness'을 요구하고 있다. 여성 차별, 인종 차별, 민족 차별, 종교 차별, 장애인 차별…… 온갖 종류의 차별은 허용될 수 없는 사회적 부정不正으로 단호하게 영화에서 추방되지 않으면 안 된다. 미국이란 곳은 이러한 '정의의 요청'이 공소空疎한 훈화에 머물지 않고, 헤이스 코드Hays Code나 주 단위의 검열이나 상영 금지나 영화 등급이라는 구체적인 압력을 통해, 영화 제작 그 자체에 효과적으로 관여해온 나라이다. 따라서 미국에서 영화를 만드는 사람은 '돈 되는 영화를 만들라'고 다그치는 제작자나 '재미있는 영화를 보여달라'고 아우성인 관객에 더해, '정치적으로 올바른 영화를 만들라'고 하는 윤리적 요청에도 응해 나가지 않으면 안 된다. 아마도 세계에서 할리우드 메이저 영화사의 영화인들만큼 지나치게 가혹한 사회적 압력 밑에서 일을 하고 있는 사람들은 없을 것이다.

그러나 아무리 올바른 영화인이라 해도, 필요 이상으로 훌륭하게 행동하게 되면, 그만큼 억압되는 것은 많아진다. 그리고 표현을 거부당한 욕망이나 불안은 '증후'로서 영상으로 회귀하게 된다. 이러한 '증후'는 표층적으로는 정치적으로 올바른 설정으로 전개되는 영화의 가장자리 혹은 세부에, 스토리와도 테마와도 관계가 없는 영상 기호로서 무심결에 노출된다. 그것은 주요 인물의 배경에 희미하게 비치는 실루엣일 수도,

등장인물의 인명이나 지명일 수도, 배경의 장식이나 소도구일 수도, 누구도 귀 기울이지 않는 배경음악일 수도 있다. 그러한 기호는 그 자체로서는 거의 의미를 가지지 않는다. 단지 왠지 그 자리에 어울리지 않거나, 왠지 집요하거나, 왠지 과잉이거나 하는 방식으로 표준치에서 벗어나 있을 뿐이다.

영화의 이데올로기성의 조사와 관찰을 전문으로 하는 지적인 비평가들은, 영화의 플롯이나 주제나 주인공의 성격 설정이나 감독의 메시지 등에 초점을 맞춰 영화를 '비평적으로' 본다. 그들은 스크린의 '배후'에 있는 메시지나, '숨겨진 주제'를 검출하기 위해 선택적으로 의식을 집중시킨다. 그에 대해 평범한 관객은, 영화의 테마에도 스토리에도 등장인물의 내면에도 거의 관심을 갖지 않는다. 그들은 그저 멍하니 스크린을 바라보고 있을 뿐이다. 그렇지만 영상의 배후를 꿰뚫어보는 집중력이 결여되어 있는 대신에, 그들은 영상의 표층에 노출되는 증후에는 민감하다. 이에 관해 장 폴란이 『타르브의 꽃』에 매우 함축적인 말을 남기고 있다.

어떤 종류의 빛은, 그것을 멍하니 보고 있는 사람은 감지할 수 있지만, 응시하는 사람에게는 보이지 않는다. 어떤 종류의 몸짓은 무심히 힘을 빼지 않으면 제대로 할 수 없다(예를 들어 별을 바라볼 때나, 손을 똑바로 뻗을 때가 그렇다).[*]

독일 점령군의 검열하에, 갈리마르 출판사에서 간행된 『타르브의 꽃』에서 폴란은 '정치적 메타포를 구사해서 문학을 말하고 있는 것'처럼 위장하면서, 사실은 '정치 용어를 구사해서, 정치를 말한다'고 하는 지적 곡예를 당당하게 연출해 보였다. 책 뒷부분의 이 한 구절에서 폴란은 자신의 책의 독해 방법을 독자에게 가르쳐주고 있는데, 메타포를 나름대로 억측한 문학 전문가인 검열관은 이 책이 반 독일적인 정치 팸플릿이라는 사실을 끝까지 알아차리지 못했다.

정말로 하고 싶었던 말은 표층에 노출되어 있다.

영화에 관해서도 아마 같은 말을 할 수 있을 거라고 우리는 생각한다. 멍하니 스크린을 쳐다보는 관객만이 발견하고, 눈을 응시하고 있는 비평가가 놓치고 못 보는 대목이 있다.

젠더와 민족성ethnicity과 연관된 윤리 코드가 1980~90년대의 할리우드 영화에서 '검열'로서 기능하고 있었다는 것은 부정할 수 없는 사실이다. 여성 차별과 인종 차별과 연관된 '본심'을 머리 좋은 영화인들은 결코 말하지 않는다. 공격적인 성적 욕망이나 여성 혐오 혹은 유색 인종에 대한 차별은 '자기 검열'에 의해 주도면밀하게 배제된다. 하지만 억압된 심적 과

---

* Jean Paulhan, *Les Fleurs de Tarbes*, Gallimard, 1941, p.168

정은 사라져 없어지는 것이 아니다. 그것은 증후로서 반드시 영상의 표층으로 회귀한다.

자립하는 여성과 공격적 성욕

우리는 앞서 〈에이리언 페미니즘〉이라고 하는 제목의 논고에서, 1979년부터 1992년에 걸쳐 제작되어 커다란 상업적 성공을 거둔 〈에이리언〉 시리즈 세 편을 이야기론의 시점에서 분석했다. 그때 우리는 이 연작의 중심에 있는 것은 '몸속의 뱀'이라고 하는 설화적 원형이라고 본 해럴드 셰크터의 가설에서 출발했다.

1970년대가 끝날 무렵에, 이 설화 원형은 〈에이리언〉으로 되살아났다. 이 '몸속의 뱀' 이야기 형의 부활은 미국에서의 급진적 페미니즘의 융성기와 겹치고 있다. 남편을 섬기고, 무임금의 가사노동을 맡고, 자식을 낳고, 양육하기 위해 존재하는 듯한 의존적인 삶의 방식을 부정하고, 자기 실현을 위해 자립해서 살고 싶다고 하는 강한 지향이 이 시기 미국 여성들 사이에서 넘쳐흘렀기 때문이다. 따라서 '자립한 여성' 리플리가 남성의 자기 복제 욕망의 기호인 '뱀 모양의 괴물'과 오로지 혼

자서 싸우고, 그것에 결국 승리하는 이야기는, 당시 미국 여성의 자립 지향 고조 열기에 안성맞춤이었다.

에이리언이 표상하는 남성의 공격적 성욕과 여성은 어떻게 싸워야 하는가. 이 절실하고 자극적인 주제를 둘러싸고 시리즈는 제작되어 왔다. 그리고 그것은 동시에, 페미니즘의 '검열'에 의해 억압된 남성의 성적 욕망과 격렬한 여성 혐오가, 차례차례 '위장僞裝'하면서 재귀하는, 프로테우스적 변신의 역정이기도 했다.

동지적 모자 관계와 불능의 남자들

〈에이리언〉은 플롯상으로는 페미니즘의 '검열'을 깨끗하게 해결할 수 있는 정치적으로 올바른 영화이지만, 한편으로는 에이리언의 조형造型에서 명확히 간파할 수 있듯이, 영상적인 수준에서는 남성의 '올바르지 않은incorrect' 성욕이 노골적이고 집요하게 묘사되었다.

과학 사관인 애슈가 리플리한테 폭력을 행사하는 장면에서는, '성차별주의자적인 공간' 안에서 그녀의 입에 의사疑似 남성의 성기가 '삽입'되고, 반라의 리플리를 공격하기 위해 몸을 일으킬 때의 에이리언의 두부頭部의 실루엣은 명백하게 발기한 남성의 성기를 모방한 것이다. 안드로이드인 애슈도, 에이리언도 '남성'은 아니다. 따라서 플롯 수준에서는, 이러한 장면들이 성적 공격을 '의미한다'는 것은 있을 수 없다. 그러나 '멍하니 영화를 보고 있는' 남성 관객은, 그들의 억압된 공격적 성욕을 직접적으로 채우기에 충분한 에로틱한 영상적 표현을 착오 없이 스크린상에서 발견할 수 있었던 것이다.

이어진 〈에이리언2〉는 성공한 '여성 영화'(다소 악의적으로 말한다면 '여성 관객으로부터 돈을 착취한 영화feminine exploitation movie')였다. 이 영화는 페미니즘의 대립하는 두 개의 진영(급진적 페미니즘과 페미니즘 본질주의)으로부터 부과된 두 종류의 '검열'을 피하기 위해, 두 종류의 페미니즘의 요청에 동시에 응답한다고 하는 아슬아슬한 수법을 신선하게 연출했다.

이 '두 페미니즘'의 갈등은 1980년대에 들어서, '페미니즘 본질주의'와 '사회 구축주의적 페미니즘' 사이의 치열한 투쟁으로 전개되었다.

페미니즘 본질주의란 여성성을 본질적인 것으로서 인정하고 그 역설적 우위성을 주장하는 입장이다. 이 입장에서 보면, 여성은 '제국주의 국가' 대 '식민지', '억압자' 대 '피억압자', '중심' 대 '주변', '문명' 대 '자연'이라고 하는 이항대립 도식의 후자의 항에 고정된다. 여성은 피착취자이고, 피억압자이며, 짓밟히는 대지이다, 더럽혀진 어머니로서의 자연이다. 그로 인해, 여성은(일찍이 프롤레타리아나 민족 해방 투쟁의 전사가 그러했던 것처럼) 그 정치적인 부성負性의 보상으로 '정의'의 청구권을 수중에 넣는다.

'차별받아온 존재만이 약자의 고통을 이해할 수 있다', '주변부로 배제되어온 존재만이 제도에 대해 이의 신청을 할 수 있다'고 하는 교묘하게 비튼 논리로 여성성의 우위를 역설한 이 이론은(이리가라이, 크리스테바 등의 '프랑스 페미니즘'에 이론적으로 의거해서) 1980년대의 미국에서 그때까지 과도하게 폄하되어 왔던 모성이나 육아나 가사노동이나 가정의 가치에 대한 재평가로 여성을 이끌게 된다.

우에노 치즈코에 의하면 이 '전향'을 불러온 이유 중 하나는, 급진적 페미니즘을 이끌어왔던 여성들이 이 시기에 '엄마가 되는 생물학적 시한time limit'을 맞아, '1970년대에는 캐리어의 확립을 우선시했던 여성이나 레즈비언 여성들이, 1980년대가 되어 삼십대의 막차 출산 붐을 만들어 낸' 것에 있다. '그녀들은 남성과의 관계에는 희망을 품지 않았지만, 모성의 가치를 버리려고는 생각하지 않았고, 1980년대 미국의 페미니즘은 모성과 가정의 가치에 대한 재평가로 향했다.'*

---

* 우에노 치즈코, 「성차의 정치학」, 『이와나미 강좌 현대사회학 11 젠더의 사회학』, 1995

우에노의 이러한 분석은 이 시기 미국 페미니즘이 놓인 문맥을 적절히 기술하고 있다.

캐리어 지향이냐 가정 회귀냐? 1980년대 페미니즘이 직면한 이 긴급한 물음에 〈에이리언2〉는 훌륭한 영상적 회답을 제출해 커다란 상업적 성공을 거두었다.

제임스 캐머런 감독은 두 종류의 페미니즘으로부터 부과된 '검열'을 동시에 해결한다고 하는 대담하고 기발한 연출을 이어가면서, 〈에이리언〉의 경우와 마찬가지로, 남성 관객을 위한 사소한 악의의 양념을 영상의 세부에 설치해 보여주었다. 〈에이리언2〉는, 어느 쪽이 되었든 페미니스트가 손에 넣은 '가정'이 어떠한 것일 수 있을지, 그 모델을 영화의 마지막에서 영상화해 보여준다. 그것은 '모친'이면서 또한 '캐리어 우먼'인 리플리와, 그 복제품replica인 뉴트가 만드는 의사 모자 관계에 두 명의 '불능인 남성'을 배치한 '성가족聖家族'이다.

마이클 빈이 연기한 힉스 하사는 겉보기에는 마초지만, 단편적인 영상이 되풀이해서 보여주는 대로 '보는 능력이 없는' 남성이다. 그는 '틈만 나면 자는 남자'로 등장한다. 에이리언 소탕전 중에 그가 하는 말은 '어디에 있어! 안 보여!'이고, 의무실에서 에이리언의 습격을 받은 리플리가 구원을 요청할 때는 모니터를 못 보고 넘어가고, 리플리와 여왕 에이리언이 싸울 때는 마취 상태로 잠들어 있고, 영화의 마지막에서 인공 동면기에 들어가는 장면에서는 붕대로 눈이 가려진 상태로 눕는다.

힉스에 관한 이 집요할 정도의 '보는 능력의 결여'는 필시 '불능'의 기호로 해석하는 게 가능할 것이다. 페미니즘 영화론의 문맥에서는, '본다'는 것은 '지배한다'의 동의어이고, '여성을 보는 남성의 시선'―'삼중의 남성의 시선triple male gaze', 즉 카메라의 눈, 배우의 눈, 관객의 눈―은 엿보기적인 폭력 그 자체라 간주된다. 그렇다면 '볼 수 없는 남성' 힉스의 남성성은 영상적으로는 '거세'된 셈이 된다.

안드로이드 비숍도 이와 다른 의미에서 두드러지게 '비남성'적 존재이다. 그는 무성의 인조인간이고, 그 남성적 겉모습은 단순한 외양에 지나지 않는다. 그는 승조원 전원으로부터 '무상無償 노동'과 '목숨을 돌보지 않는 헌신'을 당연하게 해야 하는 일로서 기대받고 있고, 그 탁월한 수행 능력을 평가해 감사하는 사람은(영화의 마지막에서 리플리를 제외하고는) 단 한 명도 없다. 비숍이 맡고 있는 것은 바로 '무임금 노동'이고 그의 노동이 '무임금'인 것은, 그 생산물에 교환 가치가 없기 때문이 아니라, 단순히 그가 '낮은 서열'로 분류되어 있기 때문이라는 이유에 지나지 않는다. 결국 비숍은 외관상으로는 '남성'이지만, 그 사회적 역할은 완전히 '여성 젠더화'되어 있는 것이다. 그로 인해 그 숙명에 어울리게, 비숍은 여왕 에이리언의 남근 형태의 검 꼬리에 온몸이 관통되어 마구 찢기게 된다.

페미니스트들에게 있어서는 '이상적'인 가정, 그것은 비혈연적=동지적 모자 관계에 '불능의 남성들'이 달라붙는 형태로 구성될 것이라고 〈에이리언2〉의 도상학은 알려주고 있다.

디지털 섹스의 아날로그화

페미니즘 본질주의에 대한 비판적 무기로서 사회구축주의적 페미니즘이 의거하고 있는 것은 의학상의 새로운 지식이었다.

그때까지의 페미니즘은 젠더라고 하는 문화적 성차를 통렬하게 비판하면서도, 섹스라고 하는 생물학적 성차는 가치중립적인 사실로서 그대로 받아들이고 있었다. 그러나 내분비학은 남녀의 성별이라고 하는 디지털적인 성차는, 실제로는 호르몬의 분비량이라고 하는 아날로그로 연속적인 변화의 도중에 자의적으로 그어진 경계에 지나지 않는다는 사고방식을 우리에게 알려줬다. 마찬가지로, 해부학은 외성기에 관해서도 이항대립적인 성차는 존재하지 않고, 탄생 후에 외성기가 왜소화되거나, 비대화되거나 하는 경우가 드물지 않고, 양쪽의 성기가 발달하는androgynous 경우도 존재한다는 것을 가르쳐주고 있다.

어떠한 수준에서도, 자연계에서 보이는 것은 다양성과 연속성뿐이고, 디지털적이고 배중률排中律적인 성차라는 것은 과학적 사실로서는 존재하지 않는다. 성 경계sex border는 인간이 만들어 낸 가상에 지나지 않았던 것이다.

그렇다면 왜 섹스는 그런 사실에도 불구하고, 지금까지 '자연스러운' 이항대립이라는 관념이라고 생각되어 왔을까?

성 동일성 장애라고 하는 사례가 그 질문에 대한 해답의 실마리를 가져다주었다.

성 동일성 장애란, 자신의 생물학적 섹스와 젠더 아이덴티티가 일치하지 않는 증후를 말한다. 가령 생물학적으로는 '남성'이라고 설정되어 있는 사람이, 젠더 아이덴티티로서는 '여성'이라고 자인하고 있는 경우, 이 위화감을 해결하는 것에는 두 가지 가능성이 있다. '저쪽으로 가는' 것과 '이쪽으로 돌아오는' 것이다. 그런데 '그'는 어느 쪽을 선택할까. 섹스에 적합하도록 '남성으로서 삶을 살기' 위해 노력할까, 젠더에 적합하도록 '여성으로서의 삶'을 살까?

임상 사례가 가르쳐주고 있는 것은, 대부분의 성 동일성 장애자는 자신의 섹스에 위화감을 느끼고, 이성異性의 젠더에 친화한다고 하는 사실이다. 많은 성 동일성 장애자는 성기 절제나 성전환 수술 등 고액의 비용과 고통을 동반하는 신체 가공 수술을 견디면서까지, 이성의 젠더에 자신을 융합시키는 길을

택하고 있다. 결국 문화적인 제도인 젠더 아이덴티티는 생물학적 섹스에 우선하고 있는 것이다.

우리는 〈리본의 기사〉나 〈베르사유의 장미〉 등 젠더 아이덴티티의 동요와 관련된 많은 이야기를 갖고 있다. 그러한 이야기들이 가르쳐주는 것 또한, 성 동일성 장애자의 사례와 일치한다. 그것은 개인의 레벨에서는, 어떤 젠더를 선택하든, 한쪽의 젠더를 선택한 존재는 반드시 젠더 구조의 강화에 봉사한다고 하는 사실이다.

이러한 새로운 풍토에서 출발해, 페미니즘의 쇄신을 시도한 것이 크리스틴 델피이다. 젠더 아이덴티티에 있어서 젠더가 섹스보다 우위인 것은, 섹스라고 하는 개념 그 자체가 젠더에 의해 사후적으로 만들어진 가상이기 때문이라고 하는 대담한 가설을 델피는 내세웠다.

　　짧게 요약하자면, 우리는 젠더 — 여성과 남성의 상대적인 사회적 위치 — 가 섹스라고 하는 (명백히) 자연적인 카테고리에 기초해 구축되어 있는 것이 아니라, 오히려 젠더가 존재하기 때문에 섹스가 관련적 사상事象이 되고, 따라서 지각 대상의 카테고리가 된 것이라고 생각한다. (……)우리는 억압이 젠더를 만들어냈다고 생각한다. 결국 논리적으로는 분업의 계층적 서열이 기술적 분업에 앞서 존재하고 있었고, 이 서열이 기술적 분업 즉 젠더라고 불리는 성적 역할을 만들어낸 것이라고 생각한다. 그리고 인간을 계층적으로 둘로 분할한 것이 해부학적 차이(……)를 사회 관행에 적합한 구별로 변화시킨다고 하는 의미에서, **이번에는 젠더가 해부학적 섹스를 만들어낸** 것이다. 사회 관행이, 게다가 사회 관행만이, 하나의 자연적 사상(……)을 사고의 카테고리로 변화시키는 것이다.[*]

델피에 의하면, 사회의 두 극極으로의 분할은(그렇게 믿고 있는 것과는 반대로) 계층 분화/젠더의 징후화/섹스의 징후화라고 하는 순서로 진행된다. 생물학적 성차는 차별의 '기원'이 아니라, '계급' 사회의 이데올로기적 '산물'이었던 것이다.

한번 읽고서 알 수 있듯이, 페미니즘에서의 가장 새로운 견해는, 내 세대로서는 매우 '그리운' 어법으로 적혀 있다. 크리스틴 델피는 페미니즘 본질주의의 이데올로기성을 이렇게 비판하고 있다.

자연계와의 관계라는 것은 존재하지 않는다. (……)인간들끼리의 관계를 사물들끼리의 관계 혹은 사물과의 관계로 **보이게 한다**

---

[*] 크리스틴 델피, 『무엇이 여성의 주요한 적인가─급진적, 유물론적 분석 *The Main Enemy*』

는 것이 부르주아 이데올로기의 명백한 특징이다.[*]

『독일 이데올로기』에는 이렇게 쓰여 있다.

　각 개인이 그들의 생활을 표출하는 방식은, 즉 그들이 존재하는 방식이다. 따라서 그들이 누구인가는 그들의 생산에, 즉 그들이 **무엇을**was 생산하는가, 아울러 또한 **어떻게**wie 생산하는가에 합치한다.^{**}

　이 문장의 '그들이 누구인가'를 '그들의 젠더가 무엇인가'로 바꾸면, 마르크스의 명제는 그대로 델피의 명제가 된다.

　혹은 '분업과 함께, 정신적 활동과 물질적 활동이─향유와 노동이, 생산과 소비가─각기 다른 개인의 일이 될 가능성, 아니 현실성이 부여되어(……) 그리고 그것들이 모순에 빠지지 않아도 될 가능성은 오직 분업을 다시 한 번 포기하는 것 안에만 존재한다'^{***}라는 구절의 '개인'을 '젠더'로 고쳐 써도 마찬가지다.

---

* 같은 책
** 카를 마르크스, 프리드리히 엥겔스, 『독일 이데올로기』
*** 같은 책

델피에게 있어서, 페미니즘은 말하자면 150년 걸려 마르크스로 회귀한 것이다. 델피의 마르크스주의적 페미니즘에 의하면, 젠더는 계급 사회에 기인하는 것이고, 그로 인해 젠더 철폐는 계급 사회의 철폐와 동시적으로 달성된다(레닌을 믿는다면, 그것은 '부르주아의 폭력 장치인 국가의 철폐'도 의미할 것이다). 실제로 델피는 이렇게 단언하고 있다.

> 현 상황에서 말할 수 있는 것은 가부장제적 생산, 재생산 시스템이 철폐되지 않는 한, 여성은 해방되지 않으리라는 것이다. 이 시스템은(어떤 식으로 생겨났든 간에) 현재 알려져 있는 모든 사회의 중핵을 이루고 있기 때문에, 여성의 해방을 위해서는, 현재 알려져 있는 사회 전부의 기초를 완전히 뒤집어엎을 필요가 있다. 이 전복은 혁명 없이는, 즉, 현재 다른 인간들이 쥐고 있는 우리 자신을 지배하는 정치적 권력을 탈취하는 것 없이는 실현할 수 없다.[*]

아름다울 정도로 명쾌하다. 여기에는 더 이상 여성성이나 모성에 관한 환상은 흔적조차 없다. 성에 관한 모든 이데올로

---

[*] 델피, 『무엇이 여성의 주요한 적인가』

기적 가상은 사라지고, 주인과 노예 간의 적나라한 권력 투쟁이라고 하는 사회 관계만이 남는다.

이 정치적, 유물론적 페미니즘을 통해서, 미국 영화는 '페미니즘의 얼굴을 한 마르크스주의'를 들이대는 지적, 윤리적인 '검열'에 직면하게 되었다. 무릇 지적이기를 바라는 영화인은 이 '검열'을 통과하는 영화를 만들지 않으면 안 된다.

다행히 유물론적 페미니즘의 하나의 주제가 영화 제작자의 투자 의욕과 감독의 작가적 상상력을 자극했다. 그것은 '디지털 섹스의 아날로그화'라고 하는 SF적 가정이다. 젠더가 해체되고, 양극적 섹스가 무효가 될 때, 우리 눈앞에는 아마도 인류가 여태까지 본 적도 없을 정도로 무정형적이고amorphous 카오스적인 '연속체로서의 섹스'가 전개될 것이 틀림없다. 〈에이리언3〉와 〈에이리언4〉는 실제로 이런 SF적 상정想定에서 태어난 것이다.

급진적 페미니즘에 대한 혐오

경험적으로 알려져 있는 것처럼, '검열'에 대한 가장 상투적인 반항은 '과도하게 영합'해서 보여주는 것이다. 〈에이리언3〉에 있어서, 할리우드 영화인들의 '여성 혐오'는 페미니즘에 과도하게 영합하는 이야기 형을 통해 토로되었다. 영화가 그려내는 것은, 인습적인 의미에서의 여성 젠더가 더 이상 존재하지 않는 세계, '여성이 여성이기를 그만둔 세계'이다. 리플리는 그때까지의 두 작품에서 그녀를 두르고 있던 얼마 안 되는 여성성이 완전히 벗겨졌다.

리플리는 이 작품 속에서 처음으로 섹스를 하지만, 그 장면에서 에로틱한 요소는 주도면밀하게 배제되어 있다. 죄수들에 의한 미수로 끝난 강간은 성적 욕망보다도 오히려 증오에 의해 구동驅動되고 있고, 합의한 뒤의 섹스는 두 명의 수척한 환자가 자고 있는 것으로밖에는 보이지 않는다. 만약 남성의 욕망을 환기하는 것이 여성의 성적 '매력'이라고 해석하는 것이 인습적인 젠더 구조의 특성이라고 한다면, 이 영화는 훌륭하게 그것을 무효화하는 것에 성공했다. 리플리는 이 영화에서, 어떠한 의미에서도 매력적이지 않기 때문이다. 그녀는 죄수 별의 모든 사람에게 처음부터 마지막까지 '훼방꾼' '미움받는 자'이고, 이 영화 속에서 그녀가 설명이나 조력을 구한 상대는 예외 없이(쓰레기장에서 버려진 비숍의 잔해마저도) 그녀의 부탁을 거절한다.

리플리가 그녀를 '임신'시킨 에이리언을 태워 죽이고, 태아를 살해하기 위해 용광로에 몸을 던지면서 영화는 끝나는데, 한 연구자에 의하면 이 결말은 영화 문법상 예견 가능한 것이었다는 게 된다. 왜냐하면 '아이를 부양하는 사람은 결코 죽지 않는다'라는 것과 '순결하지 않은 여성은 괴물monster에게 살해당해도 어쩔 수 없다'는 것은 할리우드 호러 장르의 불문율이기 때문이다.

〈에이리언2〉의 마지막 장에서 '리플리는 어머니이고, (부상 당한 무력한 해병대원 힉스의) "아내"의 자격으로 살아남은 것이다. "진정한 여성"은 살아남는다. 왜냐하면 할리우드는 아이가 모친의 보호를 받지 못하는 것에는 참지 못하기 때문이다.'*

리플리가 살아남은 것이 '모친은 자식을 위해 살아남지 않으면 안 된다'라고 하는 영화적 인습에 따른 것이라고 한다면, 보호받아야 할 뉴트와 사별하고, 의사와 섹스를 하고 에이리언의 '자식'을 살해한 리플리에게 살아남을 기회는 있을 리가 없었다. 그로 인해 〈에이리언3〉는 '여성성의 부정'이라는 페미니즘의 급진화에 다가가는 듯한 설정을 마련하고는, 실제로는 그러한 추세에 대한 혐오감을 노골적으로 영상화한 극히 뒷맛이 씁쓸한 영화로 완성되었다.

그러나 할리우드는 SF 호러+페미니즘 영화라고 하는, 에이리언 시리즈가 개척한 유망한 시장을 이런 식으로 소멸시킬

---

* Philip Green, *Cracks in the pedestral: Ideology and gender in Hollywood*, The University of Massachusetts Press, p.62

수는 없었다. '디지털 섹스의 해체'는 다시 한 번 희망의 어법
으로 말해지지 않으면 안 된다. 이렇게 해서 할리우드는 죽은
주인공을 온갖 비술을 다해 소생시켜 〈에이리언4〉를 세상에
내보내게 된 것이다.

무정형의 섹스

  리플리가 용광로에 몸을 던지고 나서 200년 후. 사체에서
채취한 혈액과 생체 조직 조각에서 추출된 DNA 조작에 의해
엘렌 리플리는 '부활'한다. 우주선 오리가 호 안의 실험실에서
리플리를 죽음에서 불러낸 과학자들이 노리는 것은, 죽기 직전
에 그녀에게 '기생'해서, 탄생이 얼마 안 남았던 여왕 에이리언
의 태아를 소생시켜 적출하는 것이다. 우주선의 지휘관 페레
스 장군은, 리플리의 흉부를 '제왕절개'해서 꺼내진 여왕 에이
리언이 산란하는 에이리언들을 훈련시켜, 우주 최강의 생물 병
기로서 편제한다고 하는 야심찬 계획을 품고 있다. 실험용으로
살려지게 된 리플리는, 에이리언의 유전자의 영향으로, 비상한
속도로 성장하고 초인적인 운동 능력을 발휘하게 된다.
  에이리언들은 이윽고 감옥을 부수고 승조원들은 차례차례
참살당한다. 혼란의 와중에 리플리는, 에이리언의 '먹이'를 밀

수해 왔던 해적들과 함께 탈출정을 찾으려고 우주선 내를 방황한다. 그리고 에이리언의 소굴로 잘못 들어간 리플리는, 거기에서 인간과 에이리언의 유전자를 모두 지닌 신세대 에이리언을 출산하려 하는 여왕 에이리언과 대면하게 된다……

시리즈 네 번째 작품의 주제는 '잡종hybrid'이다. 인상적인 등장'인물'의 다수는 잡종이다. 리플리와, 여왕 에이리언이 낳은 신생명체Newborn는 전부 에이리언과 인간의 '혼혈'이다. 리플리를 암살하기 위해 해적선에 올라탄 콜은 여성형 안드로이드, 해적선의 기사 브리스는 인간과 기계의 하이브리드, 지옥 순례를 함께하는 '에이리언의 먹이'용 인간 래리는 이미 배 안에 에이리언이 들어 있다. 여기에서는 인간과 다른 별 인간, 인간과 기계 사이의 경계는 한없이 애매하다.

영화의 주인공 두 명의 '여성', 리플리와 콜은 엄밀히는 '여성'도 아닐뿐더러 '인간'도 아니다. 콜은 인간의 감정과 사고 패턴이 입력된 ('인간보다도 인간적인') 안드로이드이고, 리플리는 에이리언을 수태한 채로 죽은 여성의 클론, 결국 인간과 에이리언 두 종족 쌍방의 유전자 정보로 짜여진 잡종 생명체이다.

'인간인 동시에 에이리언'이라고 하는 리플리의 설정은 이 시리즈 고유의 문법에 따라 해독하자면, '여성이면서, 동시에 남성인' 생명체를 의미한다. 부친도 모친도 없이 실험실에서 '부화'해, 남녀의 성적 경계를 무화無化하는 젠더 하이브리드인 리플리에 관하여 시고니 위버는 이렇게 말했다.

> 이번의 리플리는 가장 생존 지향의 여성으로, 앞의 영화들에서 보다 훨씬 더 차가워요. 인간은 포유류이고, 포유류의 뇌 깊숙한 곳에는 냉혈동물의 뇌가 숨어 있어, 냉혈동물의 뇌 부분이 탐욕스러운 식욕을 갖고 있죠. 리플리는 그 탐욕스러운 뇌에 지배되어, 탐욕스러운 동물이 되어버려요. 삶에 집착하고, 생존을 위해 차갑게 행동하는 거예요. 그녀 안에 있는 것이 그녀를 차갑게 행동하도록 몰아대는 거죠. 그녀가 어떠한 존재이든 간에, 인간으로서의 그녀는 이미 죽었고, 그녀는 에이리언으로서 삶을 연장해 가요. 바로 그게 중요한 거예요.[*]

〈에이리언4〉의 리플리는 그저 '여성성의 결여'라는 식의 단순한 존재가 아니다. 리플리는 모든 '남성적 공격'을 손쉽게 격퇴한다. 과학자의 목을 졸라 들어올리고, 해적선의 거한들을 농구공 하나로 때려눕힌다. 철문을 맨손으로 부숴 열고, 에이

---

[*] A. 매독 외, 〈메이킹 오브 에이리언4〉

리언을 때려죽인다.

〈에이리언〉에서는 자립 지향이 리플리를 움직이게 했다. 〈에이리언2〉에서는 통제하기 어려운 모성애가 리플리를 사로 잡았다. 〈에이리언3〉에서는 '여성적이어서는 안 된다'고 하는 부정 명령이 부과되었다. 그러나 〈에이리언4〉의 리플리에게는 남성적 에토스도, 여성성도, 모성의 속박도, '여성성'을 부인할 의무도, 무릇 성에 관련된 당위는 그 어느 것 하나 존재하지 않는다. '적을 죽이고 살아남는' 것만이 그녀의 유일한 행동 규범 이다. 그런 의미에서는 그녀는 이 영화에서 처음으로 젠더 프리＝모랄 프리적 존재로서 그려진 셈이 된다.

성적 환상뿐만 아니라, 혈연 환상으로부터도 리플리는 완전한 자유이다. 우주선 안을 설치고 돌아다니는 에이리언들은 외 우주로부터 날아온 다른 별 인간이 아니라, 발생적으로는 리플리의 '태내'에서 꺼내진 여왕 에이리언의 자식들이다. 따라서 (영화 속에서는 '당신의 형제자매'라는 식으로 불리지만) 호적상으로는 리플리의 '손자'들에 해당한다. 결국 리플리의 에이리언 퇴치는 친족 명칭을 사용해 말하자면 '할머니에 의한 손자 살해'인 것이다.

〈에이리언2〉에서 '가정으로 돌아가는 모성'의 기호로서 마음껏 악역다움을 발휘했던 여왕 에이리언도 이번에는 그림자가 흐릿하다. 리플리한테서 얻은 유전 정보 덕분에, 태생胎生

동물로 '진화'해 '에이리언과 인간의 잡종 생명체' 뉴본을 낳은 그녀이지만, 애써 배를 아프게 하고 낳은 지 얼마 안 된 자식에게 느닷없이 머리가 박살이 나도록 얻어맞고 절명한다. 그 뉴본은 웬지 리플리를 좋아해 가까이 다가간다(어째서 에이리언인 '어머니'를 죽이고, 인간적인 '할머니'를 좋아하는지에 관한 이유는 설명되지 않는다. 혹시 추악한 친어머니보다도 리플리의 할리우드 여배우적인 용모에 끌린 것일지도 모른다). 하지만, 이 '할머니'는 망설임 없이 '손자'를 잘게 찢어 우주 공간으로 내버린다.

'자식에 의한 모친 살해'와 '할머니에 의한 손자 살해'에 의해 친자 관계의 라인이 깨끗이 청산된 뒤에, 모든 성적, 종족적 속박으로부터 해방된 두 하이브리드 생명체, 리플리와 콜이 창 밖으로 보이는 푸른 지구를 바라보는 장면에서 영화는 끝난다.

우리는 앞에서, 이 영화의 기본적인 주제가 젠더 구조가 해체되어, 디지털적인 섹스가 무효가 될 때, 우리 눈앞에 전개될 광경은 '인류가 여태까지 본 적도 없을 정도의 무정형적이고 카오스적인 "연속체로서의 섹스"일 거라고 썼다. 이 플랜은 '잡종 교배'에 의한 기존의 온갖 젠더 구조, 친족적 에토스의 소멸로서, 명확하게 영상화되었다고 해도 좋을 것이다. **여기에는 더 이상 남성도 여성도 없고 부모도 자식도 존재하지 않는다.**

영화는 마지막에서 리플리와 콜 사이에 성립한 연대와 그것이 가져다줄 미래의 공동체를 암시하고 있다. 리플리는 에이리언과 인간의 하이브리드이고, 콜은 인간과 기계의 하이브리드이기 때문에, 그녀들이 형성해 나갈 공동체는, 에이리언/인간/기계의 세 영역의 유합체癒合體라는 게 될 것이다. 애초에 H. R. 기거에 만들어진 에이리언의 최초의 디자인 컨셉트가 '인간man / 기계machine 공생 유니트'(바이오메카노이드)였다는 것을 떠올리면, 이 세 영역은 멋진 고리loop를 구성한 셈이 된다. 결국 에이리언과 인간과 기계는 『작은 흑인 삼보The Story of Little Black Sambo』의 호랑이들처럼 서로 디지털한 꼬리를 쫓고 있는 동안 어느새 아날로그한 '버터'가 되어버린 것이다.

젠더 해체를 추구하는 유물론적 페미니즘의 요청에 대하여 장 피에르 주네는, 남성도 여성도 어머니도 자식도 전부 모아서 '버터'로 만들어 보여주었다. 이것은 어떤 의미에서는 유물론적 페미니즘의 '검열'에 대한 '모범답안'이다. 그러나 에이리언 이야기saga의 선행 작품들과 마찬가지로, 장 피에르 주네 또한 짙은 악의의 영상을 장치하는 것을 잊지 않았다.

디지털 경계의 파괴와 재생

리플리의 팔뚝에는 '8'이라는 문신이 새겨져 있다. 그 의미는 영화 안에서 밝혀진다. 리플리는 우주선 내를 탐색하던 도

248

중, 어느 실험실 안에서 '리플리 1호'부터 '리플리 7호'까지의 '표본'(7호는 아직 살아 있지만, 나머지는 포르말린에 절여져 있다)이 진열되어 있는 것을 발견한다. 클론의 '실패작'인 이 일곱 개의 리플리와 에이리언의 '잡종'의 상상할 수 있는 가장 무시무시한 카탈로그이다. 리플리 8호는 '죽여줘'라고 호소하는 리플리 7호의 요구에 응해, 모든 '자매들'을 눈물을 흘리며 화염방사기로 태워 죽인다.

리플리 8호는 조형적으로는 인간이고, 능력과 감성에는 '에이리언이 들어와 있다'고 하는 설정이기 때문에, 비주얼한 수준에서는(엄청나게 힘이 센 것과, 피가 강한 산성이라는 것을 제외하면) 전경화前景化되지 않는다. 그러나 '뉴본'과 일곱 자매들은, 조형적으로도 뚜렷하게 이종 혼합적이다. 하이브리드의 본질은 이때 영상의 레벨에서 극히 인상적으로 말해진다.

만약, 시고니 위버가 말한 것처럼, 반은 인간이고, 반은 에이리언이라는 식의 존재가 된 리플리가 주인공을 연기해야 한다면, 리플리 7호(여성과 에이리언이 반씩 뭉쳐져 섞여 있는 괴물)에게도 이 영화의 주인공이 될 권리는 있었을 것이다. 그러나 7호에게는 그 기회가 주어지지 않았다. 왜인가? 이유는 간단하다.

'기분이 나쁘기' 때문이다.

리플리 7호는 '에이리언 그 자체'보다도 훨씬 더 추악하고 기괴한 '괴물'이다(적어도 나한테는 그렇게 느껴졌다). '순혈의 괴물'은 그 정도로 추악하지 않다(실제로 〈에이리언〉에서의 애슈는 에이리언을 '완벽한 생물'이라고 부르며 칭찬하고 있다). 하지만 '괴물과 인간의 하이브리드'는 똑바로 쳐다보는 걸 견디기 어렵다. 그것은 본래 '괴물'의 괴물성이 '경계선을 넘는다'는 성질 속에 존재하기 때문이다.

키메라, 스핑크스, 그뤼폰 등의 전설적인 괴물은, 여러 동물의 부위로 이루어진 일종의 콜라주이다. 프랑켄슈타인의 괴물은 인간과 비인간의 경계에 있고, 늑대인간은 자연과 문명의 경계에 있고, 흡혈귀나 사령死靈들은 '유명幽明의 경계'에 근거를 두고 있다. 가설 흥행장을 떠들썩하게 만드는 기인奇人들(사녀蛇女, 문어소녀, 인어, 수염 난 소녀)은 각각 두 종류의 혼합체이다. 인간의 상상력이 낳은 괴물들은 전부 '카테고리 간의 경계선을 지키지 않은 것들'이다.

왜 경계선을 오가는 존재는 우리를 공포에 사로잡히게 할까? 그 이유를 레비스트로스는 극히 간단하게 이렇게 말한다.

어떤 존재이든 분류는 카오스보다 낫다.[*]

---

[*] Claude Lévi-Strauss, *La Pensée sauvage*, Plon, 1962, p.28

고래古來로 인간은 이항대립에 의해 디지털한 이분법을 무수히 쌓아올리는 것에 의해, 아날로그한 무정형적인 세계를 분절하고, 기호화하고, 카탈로그화하고, 이해하고, 소유하고, 지배해왔다. 그것은 '야생의 사고'부터 컴퓨터의 '비트'의 개념까지 다르지 않다. '아날로그한 연속체를 디지털한 이항二項으로 잘라서 구분하는' 것이 인간 사고의 패턴이다. 그것이 '지知'이고, 그것에 의해 구축된 것을 우리는 '문명'이라고 부르고 있다. 지금까지 인간은 그런 식으로 살아왔고, 아마 앞으로도 그런 식으로 살아가게 될 것이다. 그러한 이상, 디지털한 대립을 무효화하고 아날로그한 연속성을 회복하려고 하는 하이브리드에 혐오와 공포를 느끼는 것은, '인간으로서' 당연한 반응인 것이다.

　우리는 하이브리드를 '괴물'로서 두려워하고, 혐오하고, 배제한다. 그것은 인간의 사회가 카오스에 선을 그음으로써 비로소 성립하기 때문이다. 'A이면서 동시에 B인 것'을 인간의 문명은 허용하지 않는다.

　'그러한 경계선은 자의적으로 만들어진 의제擬制에 지나지 않는다'고 하는 이의는 분명히 옳다. 그러나, '자의적으로 만들어진 의제가 아닌 듯한 문명은 존재하지 않는다'고 하는 명제도 마찬가지로 옳다. '문명'이란 요컨대 거기에 경계선을 그을 필연성이 없는 곳에 경계선을 긋고, 아날로그한 연속체를 디지털한 이항대립으로 바꿔 읽는 사술詐術과 다르지 않기 때문이다.

리플리 7호까지의 자매들은 '문명'화에 실패했고, 8호가 처음으로 그것에 성공했다. 그녀는 정신적 내면으로는 에이리언이고, 육체적 외면으로는 인간이다. 경계선은 리플리에 있어서는 '에이리언적 내면'과 '인간적 외면' 사이에 그어져 있다. 혼재하는 혈통을 '내면'과 '외면'이라는 '거기에 경계선을 그을 필연성이 없는 곳'에 긋고, 두 개의 혈통을 사술적으로 분리하는 것에 의해, 리플리 8호는 '문명'화 되었다. 그로 인해 영화는 그녀한테만 히로인이 될 자격을 인정한 것이다.

이야기의 수준에서는, 리플리와 콜은 에이리언과 인간과 기계의 경계선을 무화했어야 했다. 그러나 리플리는 에이리언의 요소를, 콜은 기계적 요소를 '내면'에 가두고 있다. 이족異族과의 경계선은 이 두 명의 하이브리드에게는 소멸된 것이 아니다. '인간'과 '괴물'의 수평적 경계선은 '내면'과 '외면'이라고 하는 수직적인 경계선으로 치환置換되어서 여전히 연명延命하고 있는 것이다.

에이리언/인간/기계의 종족 경계선은 '버터'가 되어 소멸되었어야 했다. 확실히 플롯의 레벨에서는, 디지털 경계border는 철저하게 파괴되었다. 그러나 영상의 표층에서는, 카오스를 방지하는 경계선은 오히려 좀 더 노골적으로 전경화되어 있다.

파괴되었을 경계는, 미술 스태프의 역작인 '뉴본'과 '자매들'의 조형적인 추악함과, 시고니 위버와 위노나 라이더의 조형적인 아름다움이 가져다준 시각 효과로서 강고하게 재구축되었던 것이다.

무정형적인 세계에 디지털한 경계선을 긋는 존재만이 살아남는다.

이 메시지는, 여기에서 다시 '괴물'을 기분 나쁜 것으로서 느끼고, 두 여배우의 '미모'에 넋을 잃은 '멍한' 관객들에게만 전달되었던 것이다.

세계의 기저

다카하시 겐이치로는 정치와 문학의 관계에 관하여 다음과 같이 썼다.

정치는 문학과 대치할 때, 반드시 패배한다. 왜냐하면 문학은 정치보다 '깊고' '넓기' 때문이다. (……)정치의 본질이 '나는 옳다, 저 작자는 틀렸다'라면, '나는 옳다'라고 호소하는 문학은 이미 정치로 더럽혀져 있는 것이다. 그리고 '나는 옳다'고 주장하는 문학은 정치이기 때문에, 결국 이 세계의 '기저基底'가 될 수 없는 것이다.

그렇다면, 세계의 '기저'가 될 수 있는, 세계를 성립시킬 수 있
는 문학이란 무엇인가.*

　다카하시는 이 '마지막 물음'을 적고는 펜을 내려놓았다. 우
리는 이 문장 속에서 '문학'을 '영화'로 치환해서 읽어본다. 그
리고 다카하시와 마찬가지로 '마지막 물음' 앞에 잠시 멈춰 선
다.

　'정치적 올바름'을 추구하는 사람들이 영화를 아무리 통제
하려고 시도해도, 그 승부는 반드시 영화의 승리로 끝날 것이
다. 영화가 20세기에 탄생한 온갖 이야기 장치 중에서 가장 성
공을 거둔 비밀은 아마도 거기에 있을 것이다. 영화는 항상 시
대의 권위에 굴복하고, 지배적인 이데올로기에 영합하고, 체면
차리지 않고 유행을 쫓아왔다. 그 직업적인 변신 자세는, 현 정
권과 반정부 게릴라 조직에 동시에 헌금을 보내 '보험'을 들어
놓는 자본가와 아주 비슷하다. 정말로 '면종복배面從腹背'야말
로 영화의 본성이기 때문이다. 영화는 하나의 메시지를 언어적
으로 말하면서, 그것과 모순되는 메시지를 비언어적으로 발신
할 수 있는 이상적인 사술詐術의 장치이다. 이러한 영화 본연의

---

* 다카하시 겐이치로, 『문학 따위 두렵지 않아』, 朝日新聞社, 1998

모습은 '올바르지' 않다. 우리는 그것에 동의한다. 하지만 영화는 '올바른' 사상보다도 때때로 '깊고' '넓다'. 우리는 이 '영화의 교활한 지혜'를 사랑한다. 필시 거기에서 '세계의 기저'와 통하는 좁고 험한 길을 발견하기 때문이다.

후기

이 책에 담긴 두 개의 논고는 길이도 문체도 다루고 있는 소재도 상당히 다르다. 공통된 것은 미국, 프랑스의 페미니즘 이론을 논건으로 다루고 있다는 것이다.

페미니즘은 나의 '숙적'이다. '숙적'이라고 한 이상, 이 논쟁은 '어디까지 한다 해도 결착이 나지 않을' 수밖에 없다. 내가 '페미니즘을 완전히 논파했다'고 생각하는 일은 절대로 일어나지 않을 것이고, 내가 '페미니즘에 완전히 굴복한다'고 하는 일도 일어나지 않을 것이다. 그것은 내가 '페미니즘은 올바르다, 하지만 잘못되었다'고 하는 애매한 포지션에 있기 때문이다.

페미니즘이 사회적 자원의 공정한 배분을 요구하는 정치적 운동인 한, 나는 페미니즘을 원칙적으로는 지지한다.

'원칙적으로는'이라는 유보留保가 붙어 있는 것은, 성차性差
와 연관된 제도 중에도 인류학적인 필연성이 있어 생긴 것이
있고, 그러한 성 제도 전부를 철폐하는 것은, 당사자인 여성들
에게 있어서도 이익보다는 불이익이 많지 않을까 하고 생각하
기 때문이다.

'남녀동권男女同權'이라는 워딩은 우리들 전후 민주주의 교육
을 받은 세대에게는 매우 익숙한 것이다. 우리는 이 언어를 거
의 공기처럼 호흡하면서 자랐다. 하지만 최근 많이 사용되고
있는 '남녀 공동 참여 사회'라는 말에는 약간의 위화감을 느낀
다.

'남녀동권'이라는 말을 1950년대의 아이들은 '아버지는 사
회에 나가 일하고, 어머니는 집에서 가사를 하지만, 각자의 헌
신 없이 가족은 성립하지 않고, 두 사람은 그 중요성에 있어서
등격이다'라는 식으로 이해했다(그 정도의 이해로 좋을 것이다).
하지만 '남녀 공동 참여 사회'는 그것과는 다르다. 이 말이 의
미하는 것은 '남자도 여자도 사회적 자원(권력, 지위, 명예, 재화,
정보, 문화자본……)을 추구하는 점에서는 다르지 않기 때문에,
이 자원의 경합과 배분에 있어서 성차별이 있어서는 안 된다'
라는 것이기 때문이다. 결국 '남녀동권'의 토대에 있었던 것은
'남자와 여자는 niche(생물의 생태적 지위)를 달리하는 존재이

다'라는 무언의 이해이고, '남녀공동참여사회'의 토대에 있는 것은 '남녀는 동일한 니치에 속한다'고 하는 무언의 이해이다.

동물생태학에 의하면, 동일 공간에 복수의 종種이 공생하는 경우에는, 식성이나 동선이나 행동 시간을 겹치지 않게 하는 것이 생존 전략의 기본이다. 같은 시간에 잠을 자고 기상하고, 같은 장소를 돌아다니고, 같은 먹이를 포식하면, 타이트한 생존 경쟁으로 인해 생태계가 곧바로 붕괴되어 버리기 때문이다. 동물들은 야행성, 주행성, 육식, 초식, 나무 위에 사는 것, 땅밑에 거주하는 것, 커다란 것, 작은 것 등 다양한 방식으로 니치를 세분화해서, 한정된 공간, 한정된 자원으로 될 수 있는 한 경쟁을 하지 않아도 되는 방식으로 배분하려고 궁리를 짜내고 있다. 나는 이 '생태학적 지위ecological niche'라는 사고방식이 인간의 경우에도 타당할 것이라고 생각한다.

'남녀 공동 참여 사회'론의 전제가 되는 것은, 남녀는 '동일한 니치에 속하고, 자원에 대해 동일한 욕망을 지닌다'고 하는 사고이다. 내 생각은 아마도 이 단정에 유보를 다는 게 될 것이다.

성차에 상관없이, 인간은 누구라도 '그러한 것'을 가지려 한다는 것이 진실일까. 나 자신은 '그러한 것'에는 타인을 경쟁적으로 배제하면서까지 손에 넣지 않으면 안 될 정도의 가치가 있다고는 생각하지 않는다. '있으면 즐거운' 것일지도 모르지만, '없어도 별 지장은 없는' 것이라고 나는 생각한다. 남자들이 눈빛이 바뀌며 '그러한 것'을 추구할 때, 여자들에게는 할 수 있으면 '어째서, 그런 "허망한 것"을 욕망해?' 하고 머리에 찬 물을 붓는 것 같은 태도를 취한다면 어떨까 하는 생각을 한다. 그 편이 시스템의 생태학적인 안전을 위해서는 더 바람직한 일이다.

가치관은 다양한 편이 좋다는 게 나의 지론이다. 유한한 희소재에 똑같은 욕망을 가진 다수의 사람들이 눈사태처럼 쇄도하는 것은, 누구에게 있어서도 살아남는 데 불리한 일이다. 바로 그런 이유로 태고부터 인간 사회에서는 그 구성원들을 세세하게 하위 집단으로 분할해서, 각각의 집단이 자신의 욕망을 '다른 집단과 경쟁하지 않는 것'에 조준한다고 하는 지혜를 작동시켜 왔던 것이다.

그것은 비유를 들자면 '잠수함의 차폐벽遮蔽壁'과 비슷하다. 잠수함은 수많은 차폐벽에 의해, 여러 개의 선실로 구분되어 있다. 따라서 어떤 공간이 침수되어도, 해치를 잠그면 선체 그 자체는 부력에 의해 유지된다. 그것이 시스템을 세분화하는 것의 메리트이다. 잠수함이 차폐벽이 없는 '원룸'이었다면, 아주 작은 균열로부터의 침수로 배는 곧 침몰하고 말 것이다.

사회를 몇 개의 니치niche로 구분하고, 각각에 별도의 기능을 분배하고, 그 사이에 의제擬制로서의 '벽'을 설치하는 것에는, 수고도 시간도 든다. 하지만 그것은 모든 구성원의 행동이 동일하게 되는 리스크를 회피하기 위한 인류학적 비용cost인 것이다. '남자는 남자답고' '여자는 여자답고' '아이들은 아이들답고' '어른은 어른답고' '노인은 노인답고'…… 이런 식으로 사회적으로 설정된 '다움'은 그러한 인류학적 분할segment이다.

한 사람의 인간에게 있어서조차, 때에 따라 장소에 따라, 언어 사용, 신체 운용, 복장, 머리 모양, 가치관을 새로 바꿀 수 있고, 그렇게 하는 것이 필요하기도 하다. 한 인간 안에 니치를 달리 하는 복수의 인격 요소를 공생시켜 놓으면, 어떤 인격의 요소가 상처를 받은 경우에는, 다른 인격 요소로 다리의 무게 중심을 옮겨 '침수'를 막을 수 있다는 것을 우리가 알고 있기 때문이다.

성차는 사회 집단을 하위 구분하기 위한 제도이다. '성차에는 실체적인 의미는 없다'고 하는 크리스틴 델피나 우에노 치즈코의 지적은 지당하다. 하지만, 이것이 '니치의 벽'으로서 기능하고, 인간들의 욕망을 다양하게 해서 인류를 여기까지 생존할 수 있게 해왔다고 하는 사실은 경시할 수 없을 것이다.

실제로 '남녀 공동 참여 사회'론은 자주 (무의식적으로) '능력주의'적인 어법으로 말해지고 있다. 거기에는 성적 니치의 철폐를 대신해, '능력에 의한 차별화'가 놓여진다. 사회적 자원의 배분에 있어서, 성차, 인종, 연령, 국적, 종교, 정치적 신조 등으로 인한 차별이 있어서는 안 된다. 하지만 '전원에게 균등하게 나눈다'고 하는 방법도 '능력에 맞게 생산하고, 필요에 응해 취한다'고 하는 방법도, 둘 다 적절한 방법이 아니라는 것은 마르크스주의의 역사가 가르쳐주었다. 그렇다고 한다면, 최종적으로는 합리적인 자원의 배분 방법으로서는 '자유 경쟁'밖에는 남지 않는다. 능력이 있는 존재가 취할 수 있는 만큼의 자원을 취하고, 능력이 없는 존재는 자기 책임에 의해 굶주린다. 그러한 '궁극의 경쟁 사회'가 '남녀 공동 참여 사회'의 실상이다. 그러한 사실은, 이 컨셉트가 신자유주의적 정책을 내건 정부에 의해 강력하게 추진되고 있다는 사실로부터도 추측할 수 있을 것이다.

'남녀 동권'과 '모든 성차별의 철폐'의 사이에 있는 단계는, 한마디로 말하자면, '인간적 가치를 잴 때, 복수의 도량형度量衡을 허용하는 사회'에서 '단일 도량형으로 인간의 가치를 재는 사회'로의 전환이다. 내가 1960년대까지의 페미니즘에는 공감할 수 있지만, 1970년대 이후의 페미니즘에는 거리감을 느끼는 것은, 이 단계의 차이의 의미를 그녀들이 그다지 무겁게 받아들이지 않는 것처럼 보였기 때문이다.

'"여자니까"라는 이유로, 그 사회적 기능을 가볍게 여겨서는 안 된다'고 하는 주장에 나는 동의한다. 하지만 그것을 '사회적 능력의 차이는 성차에 우선한다'고 바꿔 읽는 것에는 동의할 수 없다.

나는 자신이 이해하기 어려운 것을 말하고 있다는 것을 잘 알고 있다. 그러나 그렇게밖에는 말할 수가 없는 것이다. 왜냐하면 오늘날 '사회적 능력'이라고 불리는 익숙해진 단어는, 단적으로 '돈을 버는 능력'을 말하고, 그것이 만인에게 있어서 우선적으로 개발되어야 하는 인간적 능력으로 간주되는 것은, 극히 한정된 역사적 조건하에서만 성립될 수 있다고 생각하기 때문이다.

이 책의 페미니즘에 관한 논고論考에서 내가 말하고 싶었던 것은 대략 '그런 것'이다. 나는 성차, 성 질서는 유지되어야 한다고 생각한다. 그것은 가능한 한 타인이 욕망하는 것과는 다른 것을 욕망하는 것이 인류학적으로 필수라고 생각하기 때문이다.

바로 그렇기 때문에 '여자는 무엇을 욕망하는가?'라고 하는 프로이트적 질문이 이루어지지 않으면 안 되었다고 생각한다. 그러한 질문이 성립하는 것은, '여자가 무엇을 욕망하는지 **남자들은 알 수 없다**', 그러나 '여자가 무엇을 욕망하는지를 **남자는 알고 싶어 한다**'고 하는 두 개의 전 단계가 구비되어 있는 경우에만 한정되기 때문이다.

이 구조적 무지와 그것에 활력을 주는 욕망은 결단코 반드시 지키지

않으면 안 된다고 나는 생각한다. 욕망은 무지의 효과이고, 무지는 욕망의 효과이다. '여자는 무엇을 욕망하는가?'라는 질문에 있어서, 무지와 욕망은 우로보로스의 뱀처럼 서로의 꼬리를 집어삼키고 있다.

프로이트가 '여자의 수수께끼'라는 말을 쓴 것을 페미니스트들은 '젠더 블라인드니스'의 증거라고 간주한다. 하지만 이 프로이트의 구조적 무지야말로 욕망의 소재所在를 보여주고 있는 것이다. 따라서 만약 '욕망의 소재를 보여주는 능력'을 '예지叡智'라고 부른다면, 우리는 이 사실에서 중요한 명제를 이끌어낼 수가 있다. 그것은, **인간은 무지라는 것에 의해서만 예지적일 수가 있다**는 것이다.

신서판 후기

『여자는 무엇을 욕망하는가?』가 신서화된다는 말을 듣고, 약간 놀랐다. 이 책은 '그다지 일반 독자용이 아니'라고 생각하고 있었기 때문이다(실제로 단행본의 판매는 전혀 시원치 않았다). 호의적인 서평도 없었던 대신 필주筆誅가 내려진 일도 없고, 책을 둘러싼 논쟁도 없었다. 다카하시 겐이치로 씨가 이 책을 집어든 것을 계기로 내 이름을 기억해주었다는 것이 내가 기억하는 한, 이 책에 관한 거의 유일한 토픽이다.

페미니스트 여러 자매로부터 집중호우 같은 반론이 오지 않을까 하고, 상당히 두근두근하면서 기다리고 있었는데, 활자로 된 반론은 결국 내 눈에는 들어오지 않았다(물론 백스테이지에서는 가감없이 솔직한 비판이 있었으리라 생각하지만).

이건 뭘 의미하는 걸까. 이 조직적인 침묵의 이유를 나는 하나밖에 떠올릴 수 없다. 필시 이 책이 간행되었을 때를 분수령으로 해서, 페미니즘의 사회적 영향력이 급속히 쇠퇴에 접어들었고, 후퇴전이 긴급하게 전개되고 있었기 때문에, 나 따위를 상대하고 있을 겨를이 없었다는 것이다. 실제로 이 책을 쓸 때에는 알아채지 못했지만, 나중에 보니 분명히 이 책이 나왔을 무렵을 경계로 해서, 일본만이 아니라 세계적으로 페미니즘은 천천히, 그러나 회복 불능의 후퇴 국면에 들어가 있었다. 물론 내가 페미니즘 비판을 한 것은, 페미니즘이 퇴조기를 맞이한 것의 원인이 아니라, 그 결과에 지나지 않는다.

내가 이 책에서 논한 것은 페미니즘의 이론적 흠에 관해서이다. 좀 더 엄밀하게 말하면, **어떻게 이러한 이론적 흠이 지적으로 탁월한 페미니스트들에 의해서조차 조직적으로 간과되었는가**라고 하는 '페미니스트 블라인드니스'의 문제이다.

어떤 사회 이론의 결점을 집요하게 왈가왈부하는 것 그 자체는 별로 생산적인 일이 아니다. 하지만 예외적으로 탁월한 지성들이 그럼에도 불구하고 조직적으로 부조不調 현상을 보인 사례의 연구는 논건으로서 생산적이다.

왜 지적으로 탁월한 페미니스트들은 그 사상 운동의 퇴조를 저지할 수 없었는가?

결론부터 머리 말해두자.

그것은 **인간의 지성은 그 지적 탁월성의 절정에서 균형을 잃기** 때문이다. 우리의 지성의 부조는 '절호조_{絶好調}'라고 하는 양태에서 발현하는 것이다.

역설적으로 들리겠지만, 그런 것이다.

왜냐하면, 지성은 그 '절호조'의 정점에서 '나는 어떻게 이만큼 똑똑한가?'라고 하는 (대답해서는 안 되는) 질문에 **그만** 답을 내놓아 버리기 때문이다.

카를 마르크스도 지크문트 프로이트도 막스 베버도, 역사상의 천재들은 놀랄 만한 통찰력을 가지고 다양한 문제들에 관하여 신선하게 설명을 해보였다. 하지만 그들 중 누구 하나도 '어째서 온갖 문제를 설명할 수 있을 만큼 나는 똑똑한가'에 관해서만은 설명을 유보했다.

마르크스는 『독일 이데올로기』라는 책 속에서, 그와 동시대의 독일인들이 독일 사회에 살면서, 독일어로 읽고 쓰고, 독일 요리를 먹고, 독일적인 인습에 빠져나올 수 없을 만큼 깊이 잠겨 있기 때문에, '독일식의 사물에 대한 사고'에서 벗어날 수 없다고 하는 탁견을 서술했다. 하지만 그 마르크스도, 어째서 같은 독일인이면서 마르크스 한 사람은 '독일식 사물에 대한 사고'에서 벗어날 수 있었는지는 설명하지 않았다. 뒤에 그에 대한 설명에 궁색했던 엥겔스는 『자본론』 서문에서, 그것이 가

능했던 것은 '마르크스는 천재였기 때문'이라는 설명으로 도
피했다.

젊었을 때 나는 그것을 읽고 '이런 건 설명이 아니야' 하고
분개한 적이 있다. 하지만 이것은 분개한 내가 잘못이었다. 왜
냐하면 자신의 천재성이 성립된 방식을 설명하지 않은 것이야
말로 마르크스의 천재성의 증거이기 때문이다.

어째서 다른 인간들에게는 이해할 수 없는 일이 자신에게는
술술 이해가 되는가, 그 똑똑함이 근거한 원인을 설명할 수 없
다고 하는 '불능'을 통해서, 천재는 그 통찰이 천부적인 것이
고, 인위적으로 구축된 것이 아니라는 사실을 증명한다.

예전에 니체는 『이 사람을 보라』 속에서 '나는 어떻게 이 정
도로 똑똑한가?'라는 질문을 한 적이 있다. 물론 니체는 자신
이 어째서 이렇게 똑똑한지를 독자들에게 이해시킬 수 없었다
(읽어보면 바로 안다).

페미니즘의 치명상은 그것이 '뭔가를 설명할 수 없었던 것'
에 있는 게 아니라, '설명해서는 안 되는 것을 설명하고 말았
다는 것'에 있다고 나는 생각한다. '나는 어째서 이렇게 똑똑한
가?'라는 질문에, 만약 페미니스트들 중의 극히 일부만이라도
'그것은 내가 천재이기 때문이다'라고 대답해주었다면, 사정은
약간은 달라졌을 것이다. 하지만 유감스럽게도, 그녀들 중에

누구 하나 그렇게 내세운 사람은 없었다. '천재이기 때문에'라고 말하는 대신에, 페미니스트들은 자신이 무류無謬하다는 것의 근거를 '그것은 내가 부권제 사회의 피해자, 피억압자이기 때문이다'라는 말로 설명했다. 그리고 바로 그때 페미니스트들은 천재들이 그 앞에서 멈추었던 선을 밟고 넘어가 버린 것이다.

페미니즘은 '부권제의 억압을 받고 있는 사람들은, 부권제에 가담해 수익을 누리고 있는 사람들보다도 원리적으로 올바르게 판단하고, 올바르게 행동한다'고 하는 신빙성 위에 성립하고 있다. 따라서 그 집단 속에서 가장 올바르게 판단하고, 올바르게 행동하는 사람은, 가장 무자비하게 억압되어 있는 사람**이지 않으면 안 된다**. 페미니즘적인 사회 이론에 따르면, 우리의 사회에서, 그 판단과 행동의 올바름을 담보하는 것은 '실제로 억압받고 있다'고 하는 사회적 조건뿐이고, 그 이외의 것이 되어서는 안 된다. 왜냐하면, 만약 생득적으로 높은 지적 능력을 갖추고 있는 인간이라면, 그 사회적 입장에도 불구하고 올바르게 판단을 내리고, 올바르게 행동할 수 있게 된다고 한다면, '부권제의 가담자이고 또한 수익자이기도 한 상당히 머리 좋은 사람'이 부권제의 구조와 기능에 관하여 페미니스트 이상으로 깊이 이해하고, 부권제를 '개량'하는 것이 가능해버리기 때문이다.

그러한 것은 페미니스트적으로는 있어서는 안 되는 일인 것
이다.

따라서 그녀들은 (예를 들어 나 같은 안티 페미니스트와 논쟁할
때도) '내가 당신보다 올바른 것은, 내가 당신보다 똑똑하기 때
문이 아니라, 당신보다 억압당하고 있기 때문이다'라는 식으로
회답하는 것이 의무로 주어져 있는 것이다.

안타까운 일이라고 생각한다.

솔직하게 '내가 당신보다 올바른 것은, 내가 당신보다 머리
가 좋기 때문이다'라고 딱 잘라 말했다면 이야기는 그걸로 마
무리될 텐데, 그것을 말해버리면 페미니즘 이론의 근간 부분이
붕괴되고 만다. 따라서 목구멍까지 올라온 그 말을 그녀들은
다시 삼킬 수밖에 없었던 것이다(자못 힘들었을 것이다).

페미니즘은 과도하게 올바를 것을 원했기 때문에, 그 사상
사적 수명을 스스로 축소시키고 말았다.

페미니즘에 국한되지 않고, 과학적인 이론을 어느 정도 이
상 기간 살아남게 하고 싶다고 한다면, '내가 신봉하는 이 이론
은 올바르지만, 어째서 이 이론이 올바른지, 그 이유를 나 자신
은 제대로 설명할 수가 없다'고 하는 '무능의 고백'에 의해 '올
바름이 분비하는 독'을 중화하는 것이 필요하다. '나는 (잘은 모
르겠지만) 올바른 것 같다는 생각이 든다'고 하는 선언은 '나는
(혹시) 틀렸을지도 모른다'고 하는 불안과 불가분의 관계이다.

불안 속에 있는 이론, 단언하는 것이 왠지 꺼려지는 이론, 설명할 수 없는 사례가 얼마든지 있는 이론, 그러한 이론 쪽이 대개의 경우, 사회 이론으로서는 오래 살아남을 수 있고, 이 세계에 얼마 안 되는 것이라 할지라도 '좋은 것'을 쌓고 늘릴 수 있다. 나는 페미니즘의 성장과 소멸을 관찰하면서 그러한 사실을 배웠다.

텍스트에 관하여 한마디. 신서판은 단행본에 상당한 가필과 수정을 했다. 거의 원형을 알아볼 수 없을 정도로 고쳐 쓴 것도 있고, 말하는 내용이 '단행본과는 정반대'라고 할 만한 대목도 몇 군데 있다. 따라서 같은 제목의 책이지만 '이건 이거고, 저건 저거'라는 식으로 양해해주시기를 바란다. 제2부인 〈에이리언론〉도 애초에는 대학의 기요紀要에 쓴 것이지만 그 뒤 몇 권의 책에 수록되었기 때문에 대체 오리지널이 어떤 것이고 결정판이 어떤 것인지 본인도 모르게 되었다. 따라서 출전이 어디였는지 쓰는 것도 무의미하기 때문에, 이번에 쓴 것은 신서용 뉴 버전이라고 너그럽게 봐주시기를 바란다.

담당 편집자인 에자와 노부코 씨한테서 교정지를 받고서 1년 가까이 기다리게 하고 말았다. 참으로 면목이 없다. 하지만 단행본 때는 출판을 서둘렀던 탓으로 퇴고推敲가 충분하지 않았는데, 그것을 전면적으로 수정할 기회를 주셔서 감사하고 싶다.

마지막의 마지막으로, 이이다 유코 선생을 비롯해, 늘 나의 지적 투쟁심을 높여준 고베 여학원 대학의 페미니스트 동료 자매들한테 마음으로부터 감사의 뜻을 표하고 싶다. 내가 페미니스트에 대해 품고 있는 경의는 그녀들의 변하지 않는 지적 성실함이 담보해주었다.

2008년 1월

우치다 타츠루

옮긴이의 말

　전쟁터에서 죽은 병사의 유골을 수습하는 작업은 병사에 대한 경의와 애정을 가진 사람에 의해 이루어질 것이다. 이 책에서 우치다 타츠루는 어느 정도까지는 사상적, 정치적으로 성과를 거둔 페미니즘이 학술적으로는 그 힘을 다하고 때 이른 죽음을 맞이하고 말았다고 결론을 내리고서 그 경위를 페미니즘 언어론과 영화 〈에이리언〉 분석을 통해 약술하고 있다. 저자가 페미니즘에 대해 '안티'의 입장에 서 있다는 것은 분명하다. 하지만 그것은 전면적인 부정이 아니다. 그리고 페미니즘을 궤멸시켜야 하는 최종적 목표로 설정한 비판이 아니다. 오히려 병사의 유골을 수습하는 자의 자세로 페미니즘이 이룬 지적 성취의 핵심을 더듬어 나가면서 이 정도로 급진적인 지적 시도가 어느새 생성적인 부드러움을 잃고 만 이유에 대한 탐구이다. 그리고 거기에서 풍요로운 지혜를 길어올릴 수 있는 가능성에 대한 탐색이기도 하다.

저자는 억압받고 있는 자만이 억압의 구조를 올바르게 인식할 수 있다는 페미니즘의 전제를 부정한다. 이러한 전제는 과거 마르크시즘에서의 억압받는 계급만이 사회를 올바르게 인식할 수 있다는 신조만큼이나 교조적이면서 현대에는 받아들일 수 없는 신학적인 주장이라고 비판한다. 성차별적인 사회 질서 속에서의 가해자와 피해자로 남녀를 정의하고서 거기에 숨은 모순에 무감각한 남성과 모순의 구조를 일상생활에서 날카롭게 느끼는 여성이라는 대립 구조의 강조가 과연 어떠한 생산적인 대화를 양성 간에 가능하게 할 수 있을까. 새로운 유형의 여성 영웅의 등장을 통해 페미니즘 영화로 환영받은 〈에이리언〉 시리즈의 심층에 숨어 있는 여성 혐오의 독한 기운이 급진적인 페미니즘에 대한 남성들의 집단 무의식을 반영한다는 분석은 비평 자체로도 탁월하지만 운동으로서의 페미니즘이 취해야 할 어떤 태도를 시사하는 것은 아닐까.

2020년 지금 한국 사회에서 페미니즘은 뜨거운 주제 중의 하나이다. 이 땅의 어느 누가 그러한 시대정신을 부인하겠는

가. 하지만 한편으로 양성간의 대립과 분열의 골이 깊어지는 것에 대한 우려 또한 존재하는 것이 사실이다. '우리는 성에 관하여 말하든, 말하지 않든, 성에 관하여 말하지 않을 수 없도록 구조화된 존재'이고 바로 그것이 우리가 '성화되어sexualize 있다'는 의미라고 저자는 말한다. 이 땅에서 성을 둘러싼 논의가 좀 더 생산적인 논의의 장으로 수렴되는 데 이 책이 모종의 역할을 할 수 있었으면 하는 바람이다.

옮긴이 | 김석중

서울에서 태어나 연세대학교 철학과를 졸업했다. 출판계에서 편집과 기획 일을 하고 있다.
옮긴 책으로 『소년 시대』 『마음을 들여다보면』 『야구 감독』 『미식 예찬』 『교양 노트』 『유
모아 극장』 『이야기가 있는 사랑수첩』 등이 있다.

여자는 무엇을 욕망하는가

초판 1쇄 발행 2020년 8월 5일

지은이 우치다 타츠루
옮긴이 김석중

펴낸곳 서커스출판상회
주소 경기도 파주시 광인사길 68 202-1호(문발동)
전화번호 031-946-1666
전자우편 rigolo@hanmail.net
출판등록 2015년 1월 2일(제2015-000002호)

ⓒ 서커스, 2020

ISBN 979-11-87295-49-5 03150

이 도서의 국립중앙도서관 출판예정도서목록(CIP)은 서지정보유통지원시스템 홈페이지(http://seoji.nl.go.kr)와
국가자료공동목록시스템(http://www.nl.go.kr/kolisnet)에서 이용하실 수 있습니다.
(CIP제어번호: CIP2020025745)